高职高专"十二五"规划教材

快递业务操作与管理

王阳军　主　编
吴　艳　副主编

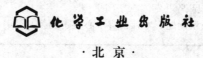
·北京·

本书系统地介绍了快递的基本理论和业务操作流程,内容的设置以快递服务过程为主线,分解为不同的项目,共分为八个学习情景,包括快递服务概述、快递服务礼仪与规范、快件收寄业务操作、快件处理作业、快件派送业务操作、快递保价与赔偿、快递服务推介与客户管理、快递与电子商务联动等。在每个情景后均安排了对应的技能训练项目和思考练习,便于学生理解和掌握所学内容,体现了较强的实践性。

本书作为高等职业技术学院物流管理、快递专业及其他相关专业教材使用,也可作为中职学生及相关专业人才培养参考用书,还可作为快递行业从业人员的学习参考书。

图书在版编目(CIP)数据

快递业务操作与管理/王阳军主编. —北京:化学工业出版社.2014.5(2021.4重印)
高职高专"十二五"规划教材
ISBN 978-7-122-20188-1

Ⅰ.①快… Ⅱ.①王… Ⅲ.①邮件投递-高等职业教育-教材 Ⅳ.①F618.1

中国版本图书馆 CIP 数据核字(2014)第 059900 号

责任编辑:旷英姿　　　　　　　　　　文字编辑:向　东
责任校对:蒋　宇　　　　　　　　　　装帧设计:王晓宇

出版发行:化学工业出版社(北京市东城区青年湖南街 13 号　邮政编码 100011)
印　　刷:三河市航远印刷有限公司
装　　订:三河市宇新装订厂
710mm×1000mm　1/16　印张 15　字数 270 千字　2021 年 4 月北京第 1 版第 8 次印刷

购书咨询:010-64518888　　　售后服务:010-64518899
网　　址:http://www.cip.com.cn
凡购买本书,如有缺损质量问题,本社销售中心负责调换。

定　　价:29.80 元　　　　　　　　　　　　　　　　版权所有　违者必究

前言
Foreword

随着我国经济和电子商务高速发展,与其密切相关的快递行业也得到了迅猛的发展,为更好地适应并促进快递行业的发展及高等院校特别是高职院校的教学需要,我们编写了《快递业务操作与管理》一书。

本教材在编写思路上,强调以快递基本理论为指导,以快递企业实际业务流程为主线,在岗位技能分析的基础上设置教学和实训环节。在内容的选择上,删繁就简,以快递业务员国家职业技能考试为基础,以快递业务为出发点,以典型企业为核心,进行快递操作岗位分析后,本着"必需"、"够用"、"精干"的原则对授课知识进行筛选与整合,将"大而全"的课程体系变革为"少而精"。

本教材采用项目导向、任务驱动和情景导入的教学形式,设计了可执行的详细实训方案,有利于高职高专校内实训及工学结合的开展。本书配有电子课件,供教学参考。

在教材的编写过程中,走访了众多的快递企业,了解行业的特点和实际需求,并得到了宅急送、顺丰速运、韵达、申通和邮政EMS等快递企业的支持,在此表示由衷的感谢。

本教材由湖南工程职业技术学院王阳军、吴艳,湖南外贸职业学院伍琳和广州涉外经济职业技术学院刘钦共同编写完成,其中情景一、情景四和情景五由王阳军编写,情景二、情景三和情景七由吴艳编写,情景六由伍琳编写,情景八由刘钦编写。在编写过程中,我们参阅了大量同行专家的有关著作、教材及案例,在此表示感谢。快递理论与方法,当前还在发展和不断创新中。

由于编著者自身水平有限,如有疏漏和不妥之处,敬请各位专家和使用者批评指正,以帮助我们不断完善教材。

编者
2014 年 1 月

目录
CONTENTS

学习情景一　快递服务概述　/001
工作任务一　快递的基本概念与分类　/002
工作任务二　快递产业发展现状及存在的问题分析　/009
工作任务三　快递作业的基本流程与快递网络　/021

学习情景二　快递服务礼仪与规范　/031
工作任务一　快递服务礼仪知识　/032
工作任务二　快递人员服务规范　/039

学习情景三　快件收寄业务操作　/049
工作任务一　快件收寄　/050
工作任务二　快件验收与包装　/061
工作任务三　收件后续处理　/075

学习情景四　快件处理作业　/083
工作任务一　快件验收　/084
工作任务二　快件分拣操作　/091
工作任务三　快件封发　/101

学习情景五　快件派送业务操作　/111
工作任务一　快件派送业务知识　/112
工作任务二　快件派送操作　/117
工作任务三　快件派送结算业务与异常情况处理　/125
工作任务四　派送路线设计　/132

学习情景六　快递保价与赔偿　/139
　工作任务一　快递服务合同的订立与履行　/140
　工作任务二　快递保价　/149
　工作任务三　快递违约与快递赔偿　/152

学习情景七　快递服务推介与客户管理　/161
　工作任务一　快递客户分析　/162
　工作任务二　快递客户开发　/165
　工作任务三　快递业务推介　/169
　工作任务四　快递客户维护　/172
　工作任务五　快递客户分层管理　/180

学习情景八　快递与电子商务联动　/189
　工作任务一　快递与电子商务联动发展　/190
　工作任务二　快递业的跨界经营　/194

附录一　《快递服务》国家标准　/201
附录二　常见快递服务合同、协议范本　/221
参考文献　/234

学习情景一
快递服务概述

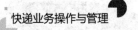

工作任务一　快递的基本概念与分类

一、快递的基本定义

随着快递业的迅速发展，对其的研究和界定在不断完善，世界贸易组织、中国邮政行业和国内行业协会及专家都对其做过表述和定义。

1. WTO贸易分类表中的定义

世界贸易组织在《服务贸易总协定》中按照联合国集中产品分类系统，将服务（产品）分类定位为12个部门。其中快递服务被定义为："除国家邮政当局提供的服务外，由非邮政快递公司利用一种或多种运输方式提供的服务，包括提取、运输和递送信函和大小包裹的服务，无论目的地在国内或国外。这些服务可利用自有或公共运输工具来提供。"

2. 我国邮政行业《快递服务标准》中的定义

快递服务（Express Service）是指快速收寄、运输、投递单独封装的、有地址的快件。即快递服务企业依法收寄并封装完好的信件和包裹的统称。在向寄件人承诺的时限内将快件或其他不需要储存的物品送到指定地点，递交给收件人，并获得签收的服务形式。

3. 国内专家的定义

快递又叫快运速递，是指物流企业通过自身的独立网络，或以联营合作的方式，相互利用各自的网络，将用户委托的文件或包裹，快捷而安全地从发件人送达收件人的门到门的新型运输方式。

知识链接　快递与物流、邮政的关系

快递与物流的关系

区别：快递是物流的一个子行业。确切地说，快递包含了物流活动的基本要素，它属于"精品物流"。

快递的基本要素有：包装、换装、分装、集装、分拣、分拨与配送，还包括信息处理和网络技术等。因此合格的快递服务，集中体现了物流系统和物流技术的实际应用状况,也是检验物流学研究成果的最好案例。

联系:本质上说,快件的传递,就是实物流通的一种形式。快递与物流之间是一种"从属"关系,它们之间有着千丝万缕的联系,相互依存。如图1-1所示。

快递与邮政的关系

快递产业总是和邮政业一起统称为"邮政快递业"。政府主管部门已经明确规定快递归属邮政业。从学术上讲,邮政和快递是两种具有相近之处但本质上略有不同的企业。二者具有一定的相似性:通过递送网络提供文件或物品,递送对象都是文件或物品,都含有信息传输或实物递送的成分。

图1-1 快递与物流的关系

但二者又截然不同:邮政业务的特点是普遍服务,即政府定价、财政补贴、全面覆盖、不苛求时效性,给所有人提供基本信息服务;而快递业务的特点是企业根据市场需求差别化定价,政府负责监管,投递网络根据市场需求决定,满足客户的个性化需求。

来源:徐希燕. 中国快递产业发展研究报告. 北京:中国社会科学出版社,2009.

二、快递的服务对象

1. 快递的服务对象

快件(shipments),是指由快递企业所运送的文件或包裹。根据快件内件的不同可将快件分为两大类:一类是文件,主要包括商务信函、银行票据、报关单据、合同、标书等;另一类是包裹,主要包括企业资料、商品样品、零配件等。

由于快递对象的不同,其对快递企业的要求条件也不相同,具体的差异如表1-1所示;而各类不同对象间,按照分类统计的情况如表1-2所示。

表1-1 快递业的服务对象

需求产品(快递业的市场基础)	需求目的
一般消费品、商业函件和样品等	服务的时间性和时效性的要求
生鲜产品等	强调保质期、保鲜期等内容
电子商务所创造的以"新体验、新感觉"为特色的需求的礼品和商品等	强调商品运输和递送的快速以及特色需求

表 1-2　快递服务大宗商品分类统计（按数量统计）

序　号	类　别
1	邮件
2	包裹
3	生鲜产品与生物制品
4	贵重物品
5	特殊特急物品

注：资料来源于中国民航总局。

2. 快递与普通运输的区别

快递与普通运输的区别在于：快递的运费一般大大高于普通运输方式，支持其存在的市场基础是快递所创造的时间价值。快递的对象本身并不会创造价值，但是由于这些物品发挥作用的时效性和商品使用寿命的时效性，使得时间对于这些商品和物品来说具有特殊的价值。其具体区别如表 1-3 所示。

表 1-3　快递与普通运输方式的区别

项　目	区　别	具体内容	举　例
快递	强调时间性	按照常规运输方式，在指定的时间内将普通运输方式无法托运的物品运抵目的地。国外根据时间紧迫性的要求，将运抵时间分为同日到达、次日到达、2日到达和3日到达等等级，并实行不同的收费标准	欧洲与美洲之间的邮件快递，基本上实现了2日内到达
普通运输	不强调时间性	由于缺乏业务流程之间的衔接以及递送上门的服务内容，在时间性方面一般难以满足客户要求	

三、快递的分类

1. 按照运输方式分类

(1) 航空快运

航空快运是指航空快递企业通过航空运输，收取发件人的包裹和快件并按照承诺的时间将其送达到指定的地点或者收件人，并且将运送过程的全部情况包括即时信息提供给有关人员查询的门对门快递服务。航空快递在很多方面与传统的航空货运业务、邮政运送业务有相似之处，但作为一项专门的业务它又有独到之处，主要表现如表 1-4 所示。

表 1-4 航空快运与航空货运及邮政运送的差异

项 目	具 体 内 容
收件的范围不同	航空快递的收件范围主要有文件和包裹两大类。其中文件主要是指商业文件和各种印刷品,对于包裹一般要求毛重不超过 32 千克(含 32 千克)或外包装单边不超过 102 厘米,三边相加不超过 175 厘米
经营者不同	经营国际航空快递的大多为跨国公司,这些公司以独资或合资的形式将业务深入世界各地,建立起全球网络。航空快件的传送基本都是在跨国公司内部完成。而国际邮政业务则通过万国邮政联盟的形式在世界上大多数国家的邮政机构之间取得合作,邮件通过两个以上国家邮政当局的合作完成传送
经营者内部的组织形式不同	邮政运输的传统操作理论是接力式传送。航空快递公司则大多都采用中心分拨理论或转盘分拨理论组织起全球的网络。快递公司根据自己业务的实际情况在中心地区设立分拨中心(Hub)
使用的单据不同	航空货运使用的是航空运单,邮政使用的是包裹单,航空快递业也有自己的独特的运输单据——交付凭证(Proof of Delivery,POD)

航空快递相对于其他运输方式的快递服务的服务质量更高,因其运送速度更加快捷、安全性更高,并且节约包装材料等优点,但其在现实操作过程中往往需要与其他运输方式相配合才能提供完整的门到门快递服务。

(2) 公路快运

利用机动车包括汽车、货车和摩托车及非机动车如人力三轮等公路交通运输工具完成快递运输服务。其为目前运输量最大并且是最重要的快运方式。

(3) 铁路快运

对于国内大部分用户来说,1~2 日到达比较能够满足需要,同日到达的快运需求一般比较低,这样铁路快运在国内大部分地区的大宗货物运输,将具备同航空快运相竞争的能力,并将以安全、价格低廉等优势占据 1~2 日到达的快运市场。而更为重要的是,目前国内大多数航空快运公司,由于包装、办理安检等手续的速度比较慢,仍然无法实现同日运达(报刊等长期固定运输快件除外),这就使铁路提速后参与国内快运竞争的优势更为突出。

铁路快运目前仍然处于概念阶段,按照国际上快运的一般定义,中国铁路没有实现快运。铁路快运业务目前一般是在提速的旅客列车行李车上,运送邮件、私人小件物品等,其市场规模非常小。真正的市场还没有完全打开。

(4) 水路快运

水路快运是一个相对概念,即用相对最快的方式从事水上运输,在客户指定时间内将货物安全运达目的地。因此水路快运在速度上与其他方式的快运没有可比性。

国内目前还没有专业的海上快运公司。国内海运快运市场,准确的定义应该是特种运输，其时间敏感性相对要小。但由于运输的难度很大，风险也很大，因此收费相对普通海运要高昂一些。由于需求相对分散，国内目前还没有专业公司，海运快运还没有形成一个产业。

2. 按照递送区域范围分

(1) 国际快递

国际快递是指在两个或两个以上国家（或地区）之间所进行的快递、物流业务。其主要服务对象为外贸行业的商业信函、文件、票据等物品，国际快递运输涉及国际关系问题，是一项政策性很强的涉外活动。提供此项服务的多为具有全球网络的大的跨国快递企业，诸如 DHL、UPS、FedEx、TNT 等快递业"巨头"，目前国内民营速递企业顺丰速运也开通了部分国家的国际快递服务。

(2) 国内快递

国内快递是指在一个国家内部，完成对服务对象的运送服务，收发货人包括整个运送过程都在一个国家边界内，其进一步可分为：同城快递、区域快递和全国快递。由于当前我国经济的高速发展，特别是电子商务的发展，对其需求量呈几何爆炸式的增长，2010 年提供国内快递服务的企业，我国登记备案的达到 5000 余家，其中民营企业占主导地位。

3. 按快递服务的主体分

(1) 外资快递企业

以 DHL、UPS、FedEx、TNT 等为代表的国际快递企业，在 20 世纪 80 年代纷纷以合资的形式进入我国，随 2001 年中国加入 WTO，逐步放宽其经营限制，外资企业纷纷吞并其合资和国内的快递企业，铺设和扩展网络资源。

(2) 国营快递企业

以中国邮政 EMS、中铁快运和民航快递为代表的国内快运速递公司，经过多年的发展已积聚了相当的能量。特别是其网络、资金和政策等资源都得到国家层面的支持。

(3) 国内民营快递

以顺丰速运、申通、圆通等为代表的民营企业近 10 年发展非常迅速，通过直营和加盟等形式，他们的网络基本上已经能覆盖到除农村外的中国二三线城市，其已经渗透到人们的日常生活，推动了经济和相关产业的发展。

4. 按送达时间分

快运速递对时效性的要求很高，时间的快慢是衡量快递服务质量的一个非常重要的指标，根据快递服务的时间可分为如表1-5所示。

表1-5 按送达时间分

类 别	内 容 要 求
当日达	要求在投递当天即完成货物的送达交付服务
次晨达	在投递物品的第二个工作日中午12点前完成送达交付服务
次日达	在投递物品的第二个工作日下午18点前完成送达交付服务
隔日达	在投递物品的第三个工作日上午12点前完成送达交付服务
定日达	在投递物品后，按照客户的指定时间完成货物的送达交付服务

5. 按照赔偿责任划分

快件在寄递过程中因非客户过失而发生延误、丢失、损坏和内件不符的情况时，按保价快件、保险快件、普通快件等分类赔偿。快件延误，是指快件的投递时间超出快递服务组织承诺的服务时限，但尚未超出彻底延误时限。快件丢失是指快递服务组织在彻底延误时限到达时，仍未能投递的快件。快件损毁是指快递服务组织寄递快件时，由于快件封装不完整等原因，致使失去部分价值或全部价值的快件。内件不符是指内件的品名、数量和重量与运单不符的快递。

（1）**保价快件**

保价快件，是指客户在寄递快件时，除交纳运费外，还按照声明价值的费率交纳保价费的快件。如果保价快件在传递过程中发生遗失、损坏、缺少、延期等问题时，客户可向快递企业提出索赔诉求，快递企业必须承担相应的赔偿责任。

（2）**保险快件**

保险快件，是指客户在寄递快件时除交纳运费外还按照快递企业指定的保险公司承诺的保险费率交纳保险费的快件。如果保险快件在传递过程中发生遗失、损坏、缺少、延误等问题时，客户有权向承保的保险公司提出索赔要求。

（3）**普通快件**

普通快件，是指交纳快件运费而不对快件实际价值进行保价并交纳保价费的快件。依据《中华人民共和国邮政法》（简称《邮政法》）及其实施细则的规定，对于没有保价的普通包裹类邮件按照实际损失的价值进行赔偿，但最高赔偿额不超过本次邮寄费的五倍。快递企业对普通包裹类快件的赔偿一般是参照这一规定办理的。

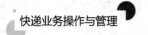

6. 按照业务方式划分

(1) 基本业务

快递企业的基本业务，是收寄、分拣、封发和运输单独封装的、有名址的信件、包裹和不需要储存的其他物品，并按照承诺实现将其送达收件人的门对门服务，这是快递企业的核心业务。

(2) 增值业务

增值业务是指快递企业利用自身优势在提供基本业务的同时为满足客户特殊需求而提供的延伸服务。代收货款业务是目前较多快递企业推出的一项增值业务。代收货款业务是随着邮购和电子商务业务的兴起而快速发展起来的，它是指快递业务员在派送客户订购的商品快件时按快件详情单上标注的应付款金额，代邮购和电子商务业务公司向收件人收款，并代为统一结算。

由于网络购物的买卖双方互不见面，彼此缺乏信任感，买方希望网上购物仍能按传统交易方式，即在收到购买商品时再付款，而卖方则希望先收到货款后再送货。在这种情况下代收货款服务变成了买卖双方都愿选择的一种最佳方案。因此，随着电子商务的迅猛发展，由快递企业代收货款服务的业务量也在日益增大。

7. 按照付费方式划分

(1) 寄件人付费快件

寄件人付费快件，是指寄件人在寄递快件的同时自行支付快递资费的快件。通常情况下，这类快件是各类快递企业的最主要业务。

(2) 收件人付费快件

收件人付费快件，也称到付快件，是指寄件人和收件人商定，由收件人在收到快件时支付快递资费的一种快件。

(3) 第三方付费快件

第三方付费快件，是指寄件人和收件人及快递企业商定，在收件人收到快件时由第三方支付快递资费的一种快件。这种快件的收件人通常是子公司，而付款的则是母公司。

8. 按照结算方式划分

(1) 现结快件

现结快件，是指快递业务员在快件收寄或派送现场向寄件人或收件人以现金或支票方式收取快件资费的一种快件。

(2) 记账快件

记账快件，是指快递公司同客户达成协议，由客户在约定的付款时间或周期内向快递公司拨付资费的一种快件。

① 卖方将货物交付快递企业，并填妥收款账号；
② 快递企业将货物安全快递送达买方；
③ 买方收到货物后将货款交付快递企业；
④ 快递企业收到货款后在规定时间内转入卖方账号。

工作任务二 快递产业发展现状及存在的问题分析

一、快递产业发展现状

目前，我国快递产业主要由三部分组成，即外资快递企业、国有快递企业和民营快递企业。

1. 外资快递企业

由于以前国家在快递业对外资有政策等方面的限制性，因此境外速递公司以其独特的方式——合资在中国运作（见表1-6）。例如 DHL 就和中外运（中国对外贸易运输集团总公司）建立了中外运-敦豪，TNT 与 EMS 合作的"中速"，TNT 和中外运合作的中外运-TNT 等。各大跨国快运快递公司以合资的形式参与我国快运快递业的竞争。随着中国加入 WTO，已经逐步放宽甚至取消相关政策层面的限制，外资企业则纷纷收购和吞并我国快递企业，同时进行大规模的投资，进一步扩大市场份额。因其丰富的经验、雄厚的资金以及发达的全球网络，使得快运速递业的竞争将更加激烈。

表1-6 国内的主要外资快递企业发展情况

企　业	简　介	在中国的发展情况
FedEx（联邦快递）	总部（全球范围）：美国田纳西州孟菲斯 创立时间：1971年，1984年进入中国市场 服务范围：220个国家及地区 员工数量：全球约14万名员工 运输能力：约330万个/日包裹 机　队：677架 作业车辆：44000辆中转车	1984年与中外运合作，开展中国快递业务 1997年与中外运分手，1999年6月与大通分手 1999年11月与天津市大田航空代理公司成立合资公司——大田-联邦快递有限公司 2005年7月，联邦快递宣布投资1.5亿美元于广州白云机场建设全新的亚太转运中心 2006年1月，4亿美元收购大田50%的股份，实现完全控股

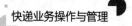

续表

企 业	简 介	在中国的发展情况
DHL（敦豪）	创立地点：DHL（敦豪航空货运公司）是一家创立自美国，目前为德国与美国合资的速递货运公司 创立时间：1969年，1986年进入中国市场 覆盖范围：220个国家和地区 员工数量：超过285000人 运输能力：15亿个/年 机　队：420架 作业车辆：76200部	1986年，由敦豪国际（DHL）与中国对外贸易运输集团总公司各注资50%在北京正式成立中外运-敦豪国际航空快件有限公司；DHL是中国成立最早、经验最丰富的国际航空快递公司。目前，DHL已在中国建立了最大的合资快递服务网络。拥有82家分公司，有超过7100名高素质员工，服务遍及全国401个主要城市
UPS（联合包裹）	创立时间：1907年创立于美国，1988年进入中国市场 覆盖范围：200个国家和地区 员工数量：427700人 运输能力：1480万个/日 机　队：284架，租赁318架 作业车辆：91700部	1988年与中外运合作，开展国际快递业务，1996年6月与中外运北京空运公司合资，成立中外运北空-UPS国际快递有限公司 1998年更名为中外运-联合包裹国际快递有限公司 2004年12月，与中外运集团达成协议，以1亿美元换取在中国23个城市的国际快递业务的直接掌控权，2005年年底全部交接完毕 2005年年底将分公司扩大到25个，2006年年底扩大到45个；2007年建成UPS上海转运中心
TNT（天地）	创立时间：1946年创立于澳大利亚 覆盖范围：200个国家和地区 员工数量：43000人 机　队：43架 作业车辆：20000部	1982年与中外运合作，开展国际快递业务，1988年成立中外运-天地国际快递有限公司 2003年5月合同到期，没有续约，转而与中国的超马赫国际运输代理有限公司合作，成立TNT International Express公司 2005年分公司增至35个，到2010年分公司增至100个，员工25000人，车辆2400辆 2007年3月，TNT完成对国内公路货物运输领先企业华宇物流集团的收购，以增强其在华的配送能力

知识链接：外资企业将被获准运营 国内快递市场进一步开放

外资企业将被获准运营"异地快递"、"同城快递"

"明年（2012）快递业将会迎来内资外资、国有民营全面竞争的共同发展态势。"中国快递协会副会长兼秘书长达瓦表示，国务院已经批准外资快递企业经营国内快递业务，现在国家邮政局会同快递协会正在紧锣密鼓地进行受理准入的准备工作。

达瓦是在 11 月 22 日召开的"2011 中国快递论坛"作出上述表述的。他透露，国家邮政局正在着手研究向外资快递企业进一步开放国内快递市场，并计划在近期向外资快递企业发放快递业务运营许可证。此前，由于在国内运营相关快递业务的外资快递企业并未获得国家邮政局颁发的快递业务牌照，因此被业内戏称为"无证经营"。

国家邮政局将在目前基础上，继续扩大外资企业运营业务的范围，将允许外资快递企业运营包括"异地快递"、"同城快递"在内的多项快递业务。准备阶段完成后，将进入正式实施阶段，国家邮政局将按照行政许可法，在外资快递企业进行申请后的 45 日内给予批准。外资快递的发展已经比较成熟，其内部管理和技术、服务水平、完整的价格体系都是国内企业所欠缺的。所以，外资企业进入国内市场后，会成为国内快递企业的榜样，促使我国快递企业加快发展改革，进一步优化产业结构；同时也将加快国内快递企业兼并重组的步伐。

来源：http: //news. xinhuanet. com/fortune/2011-11/23/c 122321017. htm.

2. 国有快递企业

以中国邮政 EMS、中铁快运和民航快递为代表的国内快运速递公司，经过多年的发展已积聚了相当的能量，同时依靠其背景优势和完善的国内网络而在国内快递市场处于领先地位，国营快递企业情况简介如表 1-7 所示。

表 1-7　国营快递企业情况简介

企　业	具 体 情 况	缺　点
中国邮政 EMS	拥有国内最大的实物传递网络，遍布城乡，有六万多个服务网点，十余万人的投递大军，同时在百姓中有着天然的亲和力，在百姓中享有较高的信誉	尽管网络庞大，但机制不够灵活
中铁快运	以铁路旅客列车行李车为主要运输工具，并辅以汽车接运和铁海、铁空联运，实行门到门的货物特快专递服务。中铁快运在全国各大中城市都设立了专业快运机构，形成了连锁服务网络。在此基础上，中铁快运还开办了铁空联运和铁海联运，同时办理国际铁路联运快运业务	虽然价格便宜，但触角只能伸到铁路沿线

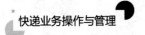

续表

企 业	具 体 情 况	缺 点
民航快递	借助民航的空中优势，依托全国民航140个机场和国内3236条、国际1578条、地区212条航线的独特优势，可为客户提供不同需求和选择的"8、12、24、36、48"小时五个时间档次的门到门服务时效产品和"次晨递"、"次日递"产品。满足不同客户的不同要求	管理经验不足，快递企业基本处于分散经营和各自为战状态，相互间的业务往来，双方和多方的责任、义务缺乏有力的约束和监督，业务梗阻和快件丢、错、漏、损现象时有发生，各快递企业间诸如相互拖欠结算款项、异地赔偿、跟踪查询等方面的矛盾和纠纷也常常出现

3. 民营快递企业

我国的大部分民营快递企业经过近十几年的发展，已经逐渐成长并壮大，其中比较知名的企业包括顺丰速运、申通快递、宅急送等。这些企业在区域站稳脚跟之后，已完成了向全国扩张的步伐，甚至大型的民营快递企业如顺丰速运已经开始拓展海外快递业务。但是部分大型民营快递企业由于扩张速度过快，忽视了内涵建设，经营管理和资源建设跟不上其扩张的速度，直接导致其服务标准低下，长此以往并不利于企业的发展。同时我国目前小型快递企业数量很多，企业规模小，经营灵活但管理相对滞后，网点覆盖率较低，不具有竞争力，未来考虑需要逐步转型，民营快递企业的分类见表1-8。

表 1-8 民营快递企业的分类

类 型	名 称	内 容
大型民营快递企业	直营型：顺丰速运	大型民营快递企业在局部市场站稳脚跟后，已经完成了向全国扩张的步伐。顺丰速运更是开通了国际网点
	加盟型：申通快递、宅急送等	
小型民营快递企业	天天、全一等	这类企业小，经营灵活，但管理混乱，竞争力较差。其主要经营特定区域的同城快递和省内快递

在国外巨头加紧布局中国市场的同时，民营快递也在加速网点布局、信息建设、管理提升、服务产品开发、品牌建设，并加大对各项运营能力的投资。未来快递业无论是网络竞争、价格竞争、品牌竞争，还是服务竞争、信息竞争、人才竞争、管理水平竞争，归根结底是快递企业间的综合实力竞争，未来两三年内国内大、小几万家快递公司都将面临重新洗牌、优胜劣汰的考验。

二、快递产业的市场结构

1. 我国国际快递产业的市场结构

国际快运速递业的收费水平大大高于国内快运速递，一般价格为国内收费的 400%～1000%，作为三大主流市场的北美、日本/韩国、欧洲来往快件收费如表 1-9 所示。

表 1-9 国内发往北美、日韩、欧洲三地快件收费标准   单位：元

目　的　地	文件（0.5 千克以内）	包裹（1.5 千克以内）
北美	180	460
日韩	120	300
欧洲	210	480

注：资料来源于中外运-敦豪。

据统计分析，我国国际快件与国内快件的运价之比为约 5.6∶1，即相同数量的快件，国际业务的市场销售额相当于国内的 5.6 倍，相对利润率较国内快件要高。目前，在我国境内的几大国际快递企业主要从事国际快件的运作，国内中国邮政 EMS、民航快递、中铁快运和部分民营快递企业如顺丰速运也可以从事国际快件的运作，从统计数据（如图 1-2 所示）可以看出国际快递中，外资企业占到 90% 以上，而国有快递企业和民营快递企业仅占不到 10% 的份额。这与外资企业具备全球的投递网络、先进的信息控制技术和综合的运作能力有一定关系。目前四大国际快递企业（敦豪 DHL、联邦快递 FEDIX、联合包裹 UPS、天地快运 TNT）已占据了我国绝大部分国际快件市场份额，市场集中度较高。

图 1-2 我国国际快递市场结构

随着全球经济一体化的趋势和我国对外贸易的快速发展，中国以更快的速度和更大的规模融入世界经济，当前，我国对外贸易年进出口额已超过 1000 亿美元的规模，国外直接投资每年达到 600 亿美元的规模，这将有力地拉动国际快递市场的发展。

2. 我国快运速递业的市场结构

(1) 同城、异地、国际及港澳台快递业务市场结构

近年来，高速发展的市场经济，特别是电子商务推动了我国快递市场的高速发展。2012 年，全国规模以上快递服务企业业务量完成 56.9 亿件，同比增

长54.8%；业务收入完成1055.3亿元，同比增长39.2%。2007～2012年快递业务量统计见表1-10。

表1-10 2007～2012年快递业务量统计

指　　标	2007年	2008年	2009年	2010年	2011年	2012年
快递业务量/亿件	12.1	15.2	18.6	23.4	36.7	56.7
快递业务收入/亿元	342.6	408.4	479	574.6	758	1055.3

注：数据来源于国家邮政局网。

快递业务量增长及收入增长情况分别见图1-3和图1-4，同时根据2012国家邮政局公布的调查数据显示，2012年，同城、异地、国际及港澳台快递业务收入分别占全部快递收入的10.4%、60.2%和19.5%；业务量分别占全部快递业务量的23.1%、73.7%和3.2%。与上一年同期相比，同城快递业务收入的比重上升1.7个百分点，异地快递业务收入的比重上升了1.4个百分点，国际及港澳台业务收入的比重下降了4.9个百分点。市场结构如图1-5所示。

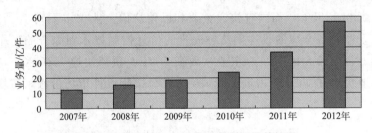

图1-3 2007～2012年快递业务量增长情况

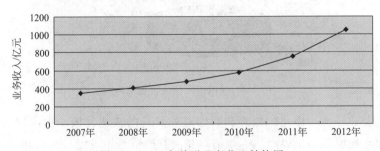

图1-4 2012年快递业务收入结构图

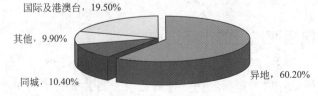

图1-5 同城、异地、国际及港澳台快递业务市场结构

(2) 东、中、西部地区快递业务市场结构

由于我国地域辽阔，地区经济发展不平衡，东、中、西部快运速递业发展呈现出不平衡态势。东部沿海地区历史上经济发达且改革开放较早，经济发展快，基础设施完善，快运速递需求比较旺盛，提供快运速递服务的企业和机会较多，产业发展水平较高，短时间内能实现快运速递业的现代化；而中、西部地区由于经济水平、区域条件、历史因素、国家经济政策等原因，快运速递业发展水平低，发展难度较大，使我国在全国范围内出现快运速递业发展的东、中、西部差异。目前我国已经形成了与经济区域相匹配的四大快递经济服务圈分别为：

① 以北京、天津、沈阳、大连和青岛为中心的环渤海快运速递经济服务圈；

② 以上海、南京、杭州和宁波为中心的长江三角洲快运速递经济服务圈；

③ 以厦门和福州为中心的环台湾海峡快运速递经济服务圈；

④ 以广州和深圳为中心的珠江三角洲快运速递经济服务圈。

2012年，东、中、西部地区快递业务收入的比重分别为82.3%、9.3%和8.4%，业务量比重分别为81.9%、10.5%和7.6%。与2011年同期相比，东部地区快递业务收入比重上升了1.2个百分点，快递业务量比重上升了2个百分点；中部地区快递业务收入比重下降了0.6个百分点，快递业务量比重下降了0.7个百分点；西部地区快递业务收入比重下降了0.6个百分点，快递业务量比重下降了1.3个百分点，具体如图1-6所示。

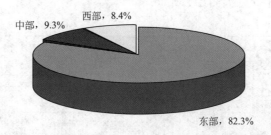

图1-6　2012年东、中、西部快递业务收入结构图

三、快递企业存在的问题分析

中国快递业已经进入全新的纪元。随着我国综合国力的不断提升，信息化、国际化的发展提供了巨大的市场契机，未来，快递业将会保持高速的增长态势。国家邮政局最近紧锣密鼓进行的受理外资准入工作，预示着国有、民营、外资企业全面竞争的时代到来。快递业经过20多年的发展，前进道路上虽有无限希

望，却也充满深刻的隐患。其主要存在的问题表现如下。

1. 民营快递企业规模普遍偏小，缺乏资金支持

一般情况下，民营快递企业都是私人经营或股份制，规模偏小，快递企业是资金投入比较大的行业，国外快递巨头每年都以几十亿的投入来扩大和完善服务，而民营企业几乎都是十万、二十万的投入，并且在融资方面存在较多的障碍，民营快递企业资金来源主要以自有资金为主，仅有少数的企业建立了银行信贷、风险投资、私募基金等融资渠道，融资渠道不畅通，尚未取得与国有企业一样的待遇。融资在一定程度上成了民营企业发展壮大的瓶颈。

2. 终端网点管控能力弱

除了需要资金支持外，快递的行业性质还要求有稳定的人员及分布网点，但是现实中，一方面快递企业本身缺乏一定的资金支持，另一方面民营快递企业为了占领和扩大市场份额又不得不加速扩张其网点，所以往往采取低成本的加盟扩张方式。当其网点数量超过其总部资源管理能力的时候，结果表现为失控状态。这种模式缺乏核心价值，管理极其混乱。部分企业扩张只是片面追求扩张网点，运营中心不能为加盟点解决问题，不能提供任何服务及支持或其所制定的作业标准不能得到很好的贯彻和执行，同时加盟点对运营中心缺乏归属感，甚至缺乏合作，这种加盟模式抗风险能力极低。其直接表现为服务水平低下。据国家邮政总局的统计，关于损毁、延迟、丢失投诉量排名前6位的企业均以加盟模式占主导（如图1-7所示）。

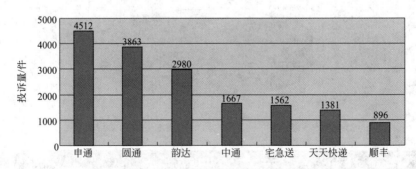

图1-7　2011年各主要民营快递企业投诉量统计

注：数据来源于315电子消费投诉网。

我国快递企业的现状是，除了民航快递、EMS、顺丰、中铁快运等规模较大、实力较强的快递企业不是通过加盟的形式架构自己的服务网络，其他大部分快递企业都是通过加盟或者加盟与自营兼有的方式组建的服务网络，对于这

些企业而言，如何确保整个网络有一个统一的核心思想，如何向全网络推行统一的流程及制度，总部所作出的决定如何推行到整个网络，总部如何拥有对网点高度的指挥能力和控制能力等都是有待解决的问题。

3. 服务功能不全

大多数快运速递企业只能提供单项或分段的快运速递服务，快运速递功能主要停留在储存、运输和城市配送上，相关的包装、加工、配货等增值服务不多，不能形成完整的快运速递供应链服务。并没有根据所服务的商品的属性和特定客户的需求合理分层设计服务产品。大部分民营快递企业提供的产品趋于同质化，这样只能采取价格竞争策略，通过压低运价来获取更多的订单。资金无法满足设施改善、服务标准等要求，逐渐陷入恶性循环。

4. 信息化技术应用水平落后，快运快递渠道不畅

在我国，一方面，经营网络不合理，有点无网，第三方快运快递企业之间、企业与客户之间缺乏合作，货源不足，传统仓储业、运输业能力过剩，造成浪费；另一方面，信息技术落后，因特网、条形码、EDI等信息技术未能广泛应用，快运速递企业和客户不能充分共享信息资源，没有结成相互依赖的伙伴关系。

5. 人员素质偏低，忽视企业文化建设

由于快运速递企业涉及仓储、运输、批发、商业和外贸等行业，同时由于它的综合性趋势，它必然要求快运速递企业的高级管理人员不仅要有经济学、管理学、统计学、计算机、心理学等基本知识，更要具备较高的综合性素质，是一种高级专业化管理人才。

而具体岗位服务人员则应该是具备适应某一岗位需要的专业性人才。快运速递企业的快运速递全过程是储、运等经济和技术管理活动，中间还伴随着快运速递信息管理、合同管理、营销管理、流通加工、设备管理和财务管理以及内部运行管理等业务管理活动。这就要求岗位的服务人员要对经营活动的诸要素（人、财、物、技术、信息、设备、交易产权等）能够进行高效学习，掌握这一领域的各类知识，形成专业化的管理人才，才能更好从事这一岗位服务，提高快运速递效率，提高企业效益。高等教育和职业教育尚未跟上，人才缺乏、素质不高，这在很大程度上制约了快运速递业的发展。

现阶段我国民营快递企业的管理主要以粗放型为主，由于国内快递行业的竞争压力比较大，目前民营快递企业的经营范围导致其利润率低，为了降低成本、节省开支，从事快递的人员知识背景较低，从业人员的流动性比较大，据统计，其中30%的从业人员为下岗工人，50%的从业人员为进城农民工。偏低

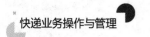

的人员素质降低了与其他类型企业同行竞争的能力。

6. 快递与电商发展的不平衡

快递业的发展与电商前景休戚相关，电子商务一直都处于高速增长的状态，但物流产业的基础设施、资金、人力等投入都赶不上电子商务发展的速度，出现了部分供需失衡的现象。这就直接导致电商纷纷要自建物流体系，自建物流已成为 2011 年电商流行的趋势，一众电商开始跃跃欲试，这其中包括京东、阿里巴巴和凡客等大型电商，但这不是所有商家都能承受的，没大量的资金支持，自建物流就犹如空中楼阁般不切实际。同时京东、凡客等电商配备的物流体系都需要自身电商业务的支撑，因为它们不像第三方物流拥有更多的选择权和自由度。其他电商不太可能将配送外包给他们，因为害怕自己的用户信息被拿走。但这也直接的对民营快递企业形成一种竞争。

四、快递企业发展策略

快递业经历 20 多年以来的长足发展，问题解决不是一朝一夕的，也不可能一下根除。首先要认清未来中国快递行业的发展格局和趋势，未来中国快递业必定是三足鼎立的局面，国营、民营和外资快递企业并行发展，相互竞争，相互促进，另外中国未来民营快递企业的发展战略将从过去的仅注重业务量增长到业务规模和服务提升并重转变，网络建设从重点布局到全网协调均衡发展转变，发展推动从依靠外延投入到依靠科技进步、改革创新、从业者素质提升转变。

1. 统一标准，提高服务水平

向用户提供优质服务是快递业的必由之路，2011 年的涨价潮之后，随之而来的是大量的投诉，价涨服务没有提升。根据国家邮政局数据，2011 年 11 月消费者关于快递业务的申诉 7272 件，环比增长 56.8%，快递服务不是点而是一条线，接货人、中间调度、最后送货员，开端再好送达的最终环节服务不到位，都会影响消费者的体验。且众多的快递网点多数为民营企业公司名下的加盟商、承包商，他们对自己的经营权有较大的自主性，对总公司传达的信息执行力不够。若不加规范，这些问题只会越积越多最终变成快递业的顽疾，统一标准、提高服务水平的要求需要引起快递企业的重视。

2. 明确目标定位和发展方向

国内最大的民营快递企业顺丰速运从公司成立之初就一直坚持直营发展模

式和细分市场,但是大部分民营快递企业融资能力有限,所以一般采用加盟制。公司的规模是扩大了但却削弱了其竞争力,由于采取加盟制部分大型民营快递企业扩张速度过快,但却忽视了内涵建设,经营管理和资源建设跟不上其扩张的速度,特别是通过加盟形式扩张的快递企业,终端管理更是混乱,直接导致其服务标准低下,损害品牌建设,不利于企业的长远发展。所以针对大型民营快递企业未来应注重内涵建设,改革发展模式,对现有部分加盟网点进行收购,使得加盟网点的数量与其管理资源相匹配,然后在积累大量资金后,将所有的加盟网点全部收购,变为直营模式。

同时,对于加盟性质的中小快递企业有两条发展战略:一是随着大型民营快递企业的改制,等待合适的时机被大型网络民营快递企业总部收购;二是利用企业现有的人力、资金、场地和设备等资源做好转型。因快递业和物流业有其共性,中小快递企业可以利用先前积累的经营基础和客户资源可以拓展零担运输、专线运输或同城配送等其他物流业务。

3. 服务功能拓展

大部分快递企业服务功能同质化严重,未来应该凭借自己所积累的行业经验进行差异化发展,拓展服务功能如表1-11所示,向哪个方面延伸,跟物流企业的服务定位以及经营战略息息相关。根据企业的比较优势,在现有物流服务的基础上,通过向两端延伸,向客户提供更加完善和全面的物流服务,从而提高物流服务的附加价值,满足客户高层次物流需求的经营模式。从而为自己创造更高的利润。

表1-11 服务功能拓展内容

业 务	具 体 内 容
供应链管理	为制造商、销售商、代理商和终端用户提供供应链服务
运输服务	提供多式联运、城市配送服务。拥有自己的配送网络
物流解决方案	提供可视化的综合物流信息系统服务,使客户商品物流全过程得以实现信息实时追踪和控制
急件服务	为多种行业的客户提供急需零备件、退货、返修件等的管理系统和服务

4. 数字化、信息化、网络化发展趋势

物流成本中心的特点,决定了物流服务必须高效畅通、成本节约。因此物流企业非常重视对物流服务的科技投入。作为现代社会供应链服务的首选,快运速递企业更重视现代技术的投入。其中信息化和数字化的趋势非常明显(见表1-12)。

表 1-12　快递业信息化发展趋势

信 息 系 统	具 体 内 容
先进的网上查询系统	从货物运单进入电脑开始，在整个运送过程中，货物都在信息网络的监控之下，可以随时上网查询，货物所在的地点，将运往何处，及运送的确切时间
货物运输信息化	每一个环节，包括货物运输过程中的每个环节，都能通过扫描设备体系把货物运送的信息记录下来，通过网络传递，确保货物安全
提供的查询货运信息	先进网络系统配备有强大的数据库。货物运输的有关资料及客户的历史资料尽收其中，包括运单、商业发票等，以备查询，并且，还可以根据客户的要求进行设置

从 DHL 到 TNT，从联邦快递到 UPS，网络服务与电子商务系统、电子结算系统、信息实时追踪与控制系统普遍采用，而且全部属于专用系统，以形成自己的特色和差别优势。这些措施大大提升了服务效率，提高了服务质量，对于控制成本和扩大客户群产生了深远影响。

国内的申通快递、中铁快运、宅急送、佳吉快运等企业，无不宣称服务过程的网络化和信息追踪手段的全面与投入力度的升级，在数字化和信息化方面，尤其是网络化的建设方面，我国的快运速递企业应有充分的重视，但国内这方面的专业人才仍然缺乏。因此随着国内快运速递企业的发展，积累了资金实力的快运速递企业将会在网络化和信息追踪系统建设方面有更大的投入。

5. 快递企业市场联合与购并

现代企业的竞争，使企业对成本和物流配送服务高度重视。快运速递市场的激烈竞争，将使物流企业的竞争集中在网络和规模方面。优胜劣汰的竞争法则，决定了物流市场必然进行资源的整合，市场和人才等资源向优势企业集中。购并和联合是竞争的必然产物。FedEx、DHL、UPS 等跨国巨头在国际市场上能有今日的成就，都离不开联合与兼并战略的成功实施。

2011 年 6 月，中国邮政局便发布了促进快递企业兼并重组的意见，2005～2011 年中国物流行业已披露的并购事件达 30 多起。相关快递法规的出台，对从事物流行业的企业设定的门槛增高，也使许多竞争力不强或中小型快递企业被大型民营企业或国外快递企业并购。

工作任务三 快递作业的基本流程与快递网络

一、快递的一般作业流程

快递的一般运作流程包括：寄件下单、上门取件、快件入库、分拨转运、出库派送、客户签收和回单。具体如图1-8所示。

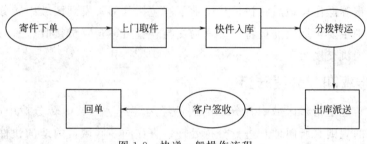

图1-8 快递一般操作流程

1. 步骤一 寄件下单

客户可能会通过电话、网络或者依照之前所订立的合同将自己的寄件需求告知快递公司客服中心，快递公司客服中心收到客户需求信息后将客户需求信息传达给客户所属片区的对应快递员，使其能及时到客户处取件。当然，对于非首次寄件客户其可能保留有负责该片区的快递员的联系方式，这样他也可以直接联系该快递员进行寄件。寄件下单要求快递客服中心或快递员准确记录寄件客户的地址信息和其所寄物品和数量以便快速准确达到客户处并携带适量的包装材料。

2. 步骤二 上门取件

上门取件是指快递员接收到快递公司客服中心接单员下发的客户寄件的需求信息后，至客户处收取快件，并在规定时间内，将快件统一带回分部的过程。在上门取件过程中要求快递员在最短时间内合理安排取件路线到达寄件客户处收取快件，并避免收取违禁品，正确计算及收取运费，对货物进行包装处理，协助客户填写运单并将快件在规定时间内交往分部仓库，以正常参加中转。

上门取件是快递员直接接触到客户的环节，快递员代表着整个快递公司的形象，而快递员的做事态度以及快件操作的熟练程度也在一定程度上影响着整个快递公司在客户心目中的形象，因此要求快递员在上门取件之前一定要注意自己的形象，平时练好基本功，否则客户不会放心地将快件交出。而一个能让客户体会到公司的实力，让其真正看到快递员的专业性的收件流程肯定能为企业在客户心中的形象增色不少。收件过程不仅仅是收件，在另一方面，也是在做营销。为此，一个标准、规范的收件流程至关重要。

3. 步骤三　快件入库

这里的入库主要是指快递员将从客户处收取的快件交给分部仓库，进行短时存放。同时对于所集并已经分拣好的需要发出的快件进行巴枪扫描、装车、封车、登记等操作，最后将快件从本地区（包括分部）发到区域中转分拨中心。这个流程中主要包括快递员将所集货物交与仓管员、仓管员接收、短时间仓储、装车、与司机交接等工作。

4. 步骤四　分拨转运

分拨转运是指将区域内各分部的快件经运输送达区域中转分拨中心，然后按照一定的规则（所属地）进行分拣处理。去往同一区域目的地的快件经打包、扫描、装车和干线运输（空运或公路运输）运达目的地所在的区域中转分拨中心，然后按照快件的不同地址所属区域再次进行分拣、扫描、打包和装车，运往分部。此步骤交接环节和分拣环节较多，分部和区域中转分拨中心的交接、区域和区域的交接、区域中转分拨中心和分部的交接，所以最容易产生问题件，比如由于分拣不精确造成错运，快件经过连续的装卸作业也容易发生货损，所以此环节需要提高快递企业分拣作业能力和规范化作业程度，以减少此环节的问题件的产生。

5. 步骤五　出库派送和客户签收

派件是指快递员与仓管员交接完毕后，根据运单上的派件要求，在规定时间内，将快件送达指定地点，交付给指定收件人，并由收件人进行开箱检验，确保货物完好后由收件人在"收件公司存根"联上签字确认的操作过程。派件一般来说是快件流转过程中的最后一个环节。派件需按照运单上收件人的具体地理位置进行派送。派件的主要目的是在保证快件安全完整的情形下，尽快将快件派往收件客户处。同收件一样，这个环节也是直接接触到客户的环节，只不过收件时接触到的是寄件客户，派件环节面对的是收件客户。同样，这个过程也应十分注意快递员所传递给客户的形象，一个形象良好、操作娴熟的快递员定能传递给客户一个优秀企业的良好形象。

6. 步骤六　回单

回单（签单）是由收货人收取货物的收货凭证，快递员将签好姓名的货物回单返回给公司的客服部门，由客服部门录入到信息系统，便于后面的统计分析。如果是月结客户，就凭系统导出数据和客户对账结款。

这里介绍的流程只是快递作业的一般流程，在具体不同的快递企业中会有一定的差异。

二、快件流程基本要求

为了保证以最快的速度、安全准确、优质的传递质量、尽可能少的成本和尽可能便捷的方式将快件从寄件人送达收件人，快递作业整个流程必须遵循以下要求与原则。

1. 有序流畅

快递流程有序包含三个方面内容：一是工作环节设置合理，尽量不出现重复、交叉的工作环节；二是每一工作环节内运行有条不紊，操作技能和方法运用合理，尽量减少每个岗位占用的时间；三是各工作环节之间衔接有序，运行平稳。上下环节之间应相互配合，确保节奏流畅。

2. 优质高效

快件高效是整个快递服务的生命线。优质，一方面是指最大限度地满足各类客户的需求，提供多层次的服务产品；另一方面是指本着对客户负责的精神，确保每个工作环节的质量，为客户提供优良的服务。高效，是指整个快递流程必须突出"快"的特点，这就要求在网络设计、网点布局、流程管理方面应该合理有效；在工具、设备和运输方式的选择方面能够满足信息和快件快速传递的要求。同时，为保证流程的优质高效，还应合理配置人员，加强员工培训，提高员工素质。这里，优质是保障，高效是灵魂，没有优质，高效就没有基础；没有高效，优质就会失去意义。

3. 成本节约

控制和节约成本应贯穿于整个快递业务流程。应该尽量减少和压缩不必要的快件中转环节，降低运输消耗，合理配置工具和设备，节约使用物料，充分利用一切可重复使用的资源，以降低企业快递成本，节约社会资源。

4. 安全便捷

安全是快递服务始终遵循的基本原则之一。在整个快递流程中，必须最大限度地降低可能会引发快件不安全的一切风险,保证快件在收寄、包装、运输、派送等过程中免受损坏和丢失;确保信息及时录入、准确传输,不发生丢失和损毁等。

同时,要体现方便客户的人性化服务,在服务场所设置、营业时间安排、上门收寄和派送服务等方面,都应体现出便捷的服务特点,以满足客户的需求。

三、快递建立标准作业程序(SOP)的作用

当前我国一些大型快递企业设立了 SOP(Standard Operation Procedure),它的一些操作流程,比如取件、调度分部操作、中转分拨操作、派件操作等主要环节的操作制定了统一的流程,对从事快递操作的人员如快递员、调度员、客服人员等也都制定了统一的作业要求操作规范,不仅如此,许多快递公司在快件目的地编码的正确书写、从业人员着装、取件派送的管理要求、操作区域的设置、派送车辆的标志、检修维护、全监视系统、快递员出车、取件、理货、交接、信息的发送和接收、快件分拣、建包等涉及快件流转的各个环节都制定了一系列的标准。标准的制定,为企业进行有效的管理奠定了良好的基础。

制定操作标准,微观上使公司运作更加规范,提高了工作效率,保障了货物、人员及车辆的安全性,使公司以统一形象、标识和服务规范面对客户,提高了企业在客户心目中的地位。宏观上起到了提高技术创新能力、开拓市场、提高企业的管理水平,有利于提高企业的规模效益等作用。一个规模大、发展良好的企业,不论其属于哪个行业,都应有一套比较好的制度和流程来确保其正常运营,对于快递企业也是如此,如果没有一套行之有效的快件操作流程,别说企业的发展壮大,即使是其生死存亡都无人敢为其保证。但纵观国内快递企业,只有几家比较有实力的企业比如大田、顺丰、宅急送等有相对比较规范的快件操作流程,大部分企业还没有形成一套行之有效的快件操作流程,而这正是导致这些企业发展陷入困境,以至于快件稍增多的情形下就出现爆仓、停收件、暴力装卸、野蛮分拣等不良现象。这一系列问题也暴露出快递行业的业务处理能力不能满足社会发展的需要,也就是说,现在的快递业务是供不应求的。如果快递公司有自己的一套快件操作流程,能够保证公司整个网络内步调一致,遵循的指标一致,这些不良现象一定能够避免。

四、快递网络的定义及构成

1. 快递网络的定义

快递网络是若干个呼叫中心(客户服务中心)、面向客户服务的网点、负责

快件集散的网点以及连通这些网点的网路,按照一定的原则和方式组织起来的,在控制系统的作用下,遵循一定的运行规则传递快件的网络系统。快递网络是一个统一的整体,各部分紧密衔接,依靠全网的整体功能,完成快件递送的任务。

2. 快递网络的构成

快递网络包括以下四个基本要素。

(1) 呼叫中心

呼叫中心亦称为"客户服务中心"(如图1-9),是快递企业普遍使用的、旨在提高工作效率的应用系统。它主要通过电话、网络系统负责受理客户委托、帮助客户查询快件信息、回答客户有关询问、受理客户投诉等业务工作。

(2) 面向客户服务的网点

面向客户服务的网点通常称为业务网点。任一业务网点均有其特定的服务范围,即在指定的服务范围内,所有客户的收件、

图1-9 某快递企业呼叫中心现场

派件都将由此网点完成。除此外,还需按时段将网点所收取的快件送至中转场参加中转,同时将本服务范围内的派件从中转场带回。每个网点根据所在服务范围的面积、客户数量、业务量来配备数量不等的收派员。业务网点的设置,一般依据当地人口密度、居民生活水准、整体经济社会发展水平、交通运输资源状况以及公司发展战略等因素来综合考虑,要本着因地制宜的原则,科学、合理地设置。从我国快递企业目前设置情况看,城市网点多于农村、东部地区多于西部地区、经济发达地区多于经济欠发达地区。收派集散点是快件传递网络的末梢,担负着直接为客户服务的功能。

随着快递服务企业的快速发展,快递企业业务网点的硬件设施科技含量日益提高、服务质量和效率得到进一步提升,服务功能也朝着日益多样化、综合化和个性化的方向发展。

(3) 负责快件集散的网点

负责快件集散的网点我们通常称为中转场、集散中心或分拨中心,是快件传递网络的节点,主要负责快件的分拣、封发、中转任务。一个中转场下辖若干个网点,中转场负责区域内所有网点的快件集散,也就是将区域内所有网点所收取的快件集中在一起、并按目的地分类汇总,然后通过飞机或汽车转发至其他相应的中转场;同时,其他各地发往本区域的快件,由当地相应的中转场

发送至此，再由本中转场按各网点分类汇总，继而转发往各个网点。集散网点的设置企业根据自身业务范围及快件流量来设置不同层级的处理中心，并确定其功能。在我国，一般全国性企业设置三个层次的快件处理中心，区域性企业设置两个层次，同城企业设置一个层次。以全国性企业为例，第一层次是大区或省际中心，完成本地区快件的处理任务外，主要承担各大区或省际的快件集散任务，是大型处理和发运中心，一般建于地处全国交通枢纽的城市，如北京、上海、广州等大城市。第二层次是区域或省内中心，完成本地快件的处理任务外，还要承担大区（省）内快件的集散任务。一般建于省会城市。第三层次是同城或市内中心，主要承担本市快件的集散任务。大区或省际中心对其他大区或省级中心及其所辖范围内的区域或省内中心、同城或市内中心建立直封关系。区域或省内中心对其大区或省际中心、本大区内的其他区域或省内中心，及其所辖的同城或市内中心建立直封关系。

集散中心的设置方式和位置，对快件的分拣、封发和交运等业务处理和组织形式，以及快件的传递速度和质量起着决定性的作用。

随着快递技术含量的上升和快件业务量的增加，快件集散中心的处理方式也在由手工操作向半机械化和自动化处理方式过渡。

知识链接 快递企业通过加盟形式拓展网点 经营风险加大

珠江三角洲、长江三角洲、京津冀地区，是国内快递网络建设的三个核心区域，也是民营快递网络的兵家必争之地。现在，山东省以及以成都或重庆为中心的西南都市圈也日益受到重视。许多快递网络在长江三角洲和珠江三角洲的网络都采取直营，以外地区实行加盟。一个大多数人不愿意看到的事实是：随着快递网络的迅速拓展，快递的安全性也在迅速降低，丢件和损件更是成为常态。如此高的风险，使商业保险望而却步，长宇快递网络江浙沪管理中心的×××经理告诉记者，为了降低丢件风险，他们同保险公司经过了多次艰苦的谈判，均以失败告终，就连实力雄厚的外资保险公司也婉言谢绝。理由是快件在松散性网络流转中经历了太多的环节，而每一个环节都充满风险。

快递网络从一线城市向二线城市的延伸使得管理的松散更加凸显。在二线城市加盟商中，配送延迟变得非常普遍。有的站点实际上只有两人或者三人，二线城市快递公司老板常常身兼数职，既是管理者，也是送件员。这样一来，派件时效就无法得到保障。大部分加盟的二线城市快递，都有自主的快递品牌，甚至同时加盟几家快递网络。在中秋节、春节等快递繁忙的时候，索性就将网络的配送件抛在一边，严重影响了企业的信誉和品牌建设。中国物流与采购联合会副会长兼秘书长崔忠付说："全球化背景下的中国民营快递公司，如果不加强人员的培训、不加强网络的建设、不加强信息化手段的推进、不加强商务模式和技术的创新，企业肯定会被淘汰。"

来源：http://business.sohu.com/20071129/n253698294.shtml.

网点承担着客户服务、操作运营和市场开发三大职能，它既是客户服务的密切接触点、又是市场营销的前沿。为了能全面掌握市场，网点势必分布较为广泛；另外，为了在尽可能短的时间内（或在承诺时间内）为客户服务，网点势必分布得较为密集。但出于成本与利润的考虑，网点建设不能随意盲目，因此，网点布局对于快递企业举足轻重。

（4）网路

连通中转场与中转场之间的网路称为一级网路，一般是航线或是公路干线。所谓航线是指公司自己的飞机、或包机、或包腹仓、或租仓位来实现快件在两地的传递，所谓公路干线是指由专门的货车在两中转场间来回对开、往返送件。若两中转场间没有匹配的航线、或快件流量较小还不足以开通公路干线，则会采取外包的形式将快件打包交予货代公司。

连通中转场与网点之间的网路称为二级网路，也称为支线网路。由于网点与中转场间的快件流量有限，在实际操作中一般使用面包车、金杯车等小型车辆来实现快件的传递。快递网络的构成具体如图1-10所示。

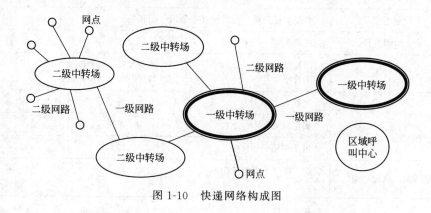

图1-10 快递网络构成图

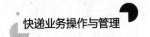

情景小结

本情景首先介绍了快递的几种基本定义,按照不同的分类方式,介绍了快递的分类情况,总结了快递业在我国发展的基本现状和存在的主要问题;然后,按照一般快递企业的运作流程介绍了快递作业的基本作业流程;最后,又分析了快递系统中的重要组成部分——网点。

实训项目

1. 训练目标

通过对快递企业的业务经营范围的调查与认知,进一步了解快递企业的业务内容及业务流程。

2. 训练内容

设计一份调查表或调查问卷如表1-13所示,在所在地或网络找一家快递企业进行调查,了解其具体的经营范围、企业性质、企业从业人员和企业设施设备等情况。

表 1-13 快递企业调查表

企业名称			
经营范围		经营地域	
注册地址		注册资本	
企业类型	□有限责任公司 □股份有限公司 □其他		
企业组织身份	□总部企业 □子公司 □单一公司 □处理中心		
企业性质	□国有控股 □民营控股	□含外商投资(含台港澳侨) □外商控股(含台港澳侨)	
联系人	姓名		身份证号
	固定电话		手机
	电子信箱		传真
是否加入快递协会	□是 在协会中担任职务_____ □否		
有无自有独立网站	□有 网址_____ □无		

续表

		自有人员情况		
		人员总数	其中：企业总部	其中：分公司
从业人员情况	从业人员数			
	快递业务员数			
	持证快递业务员数			
	持证快递业务员比例			

关联机构情况	分公司（营业部）____个（仅填写直接隶属） 处理中心____个，处理中心总面积____平方米 加盟企业____个，代理企业____个

运输工具情况	自有	租赁	加盟企业
	飞机____架 汽车____辆 其他车辆____辆	飞机____架 汽车____辆 其他车辆____辆	汽车____辆 其他车辆____辆

是否开办代收货款业务	□是 □否		
专业报关人员 （经营国际快递业务的填写）	□有____人 □无	专业报检报验人员 （经营国际快递业务的填写）	□有____人 □无

3. 实施步骤

（1）借助于实地调研、网络、电话或者传真等手段同某快递企业联系，确定该快递企业的业务内容、经营资质等；

（2）以4~6人小组为单位进行操作，并确定组长为主要负责人；

（3）针对一票货物，要求学生能够明确描述该快递企业完成此项快运业务的全过程；

（4）搜集资料，将各个环节操作流程、内容和工作要点填入下表，完成工作计划表；

序号	工作名称	工作内容	工作要点	责任人	完成日期

（5）组织展开讨论，确定所调查快递企业业务范围及实际操作流程；

(6) 整理资料，撰写总结报告并制作PPT进行汇报。

4. 检查评估

能力		自评(10%)	小组互评(30%)	教师评价(60%)	合　　计
专业能力(60分)	1. 调查结果的准确性（10分）				
	2. 业务流程操作的准确性（10分）				
	3. 经营资质、业务范围的确定（10分）				
	4. 调查表格或调查问卷设计的合理性（10分）				
	5. 总结报告的撰写（20分）				
方法能力(40分)	1. 信息处理能力（10分）				
	2. 表达能力（10分）				
	3. 创新能力（10分）				
	4. 团队协作能力（10分）				
	综合评分				

思考与练习

1. 按照递送区域快递可分为哪几种？
2. 快递作业的基本作业流程是什么？
3. 快递业在我国的发展现状及存在的主要问题是什么？

学习情景二
快递服务礼仪与规范

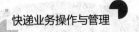

工作任务一 快递服务礼仪知识

一、快递服务礼仪的内涵

礼仪是指人们在社会交往活动中应共同遵守的行为规范和准则。快递服务礼仪是快递企业的员工在快递服务中,对客户表示尊敬与友好,以维护快递企业良好形象的一般规范与程式,是一般礼仪在快递服务工作中的具体体现和运用。学习快递服务礼仪知识,不仅有助于塑造良好的企业形象,还有助于提高服务人员的综合素质。快递各部门和各岗位的员工在为客户提供服务时,应根据不同场合、对象、内容及要求,借助语言、举止、表情、仪容等不同形式,向客户表示重视、尊重和敬意,为客户提供优质服务,从而与客户建立良好、和谐的关系。

1. 快递服务礼仪的基本内容

快递服务礼仪以对客户的尊重为基础,以提供快捷、准确、安全、方便的服务来体现这种尊重。具体内容包括思想、仪容仪表、行为和语言等多个方面的礼仪。其中,在道德思想方面,要加强服务人员的职业道德的培养,使其在提供服务时是发自内心的、真诚的奉献。在仪容仪表方面,总体要求干净、整洁、得体。在行为方面,主要包括上门服务礼仪、窗口服务礼仪和接递物品礼仪等方面的行为礼仪。语言礼仪主要要求服务人员应使用文明礼貌用语,尽量提高个人谈吐修养和口头表达能力。

2. 服务礼仪的基本要求

服务礼仪的基本要求主要包括语言修养和非语言修养两个方面的内容。语言修养主要有以下几点。

(1) 语言规范

在服务工作中,要求服务人员讲普通话。

(2) 语言表达

在于客户沟通时,应学会认真倾听,对对方的疑问能够快速反应并简介、准确地作出回答,切忌啰唆、语无伦次和答非所问。

(3) 语言礼貌

面对客户,应用"您好"、"请"、"对不起"、"不客气"、"谢谢"等敬语,拉近双方的距离，表示对客户的尊敬。

非语言修养主要包括以下方面：衣着要得体；仪表要大方；举止要文明；心境要良好。

知识链接　礼仪与道德的关系

礼仪与道德关系极为密切。"德"成于中，"礼"形于外。英国哲学家洛克曾说，"美德是精神上的宝藏，但是使它生出光彩的则是良好的礼仪。"礼仪具有道德功能，道德亦具有礼仪功能，二者具有内在同一性。"德"决定"礼"。道德是礼仪的基础，礼仪是道德的表现形式。任何一种礼仪都离不开道德，"道德仁义，非礼不成"，以礼待人、按礼行事，正是道德高尚的反映。从这个意义上说，礼仪也是待人处世的规矩，是维系社会生活的纽带。它能帮助人们约束自我，正确处理个人与他人以及社会的关系，从而创造出和谐温暖的人际关系和社会环境。因为人们不是喜欢表面形式，而是看重其中所包含的道德内涵，即对交往对方的真诚敬重。礼仪既依赖道德，又对良好的道德品质的培养具有极为重要的作用。

来源：国字邮政局组织编写．快递客户服务与营销．北京：人民交通出版社，2010．

二、快递服务形象礼仪

1. 仪容仪表礼仪

(1) 面部要求

① 时刻保持面部干净清爽，男士应每日刮净胡子，不留胡须。

② 保持眼部洁净，注意清理眼角分泌物。

③ 女士在工作中宜化淡妆，恰当修饰。

④ 如佩戴眼镜应保持镜片明亮清洁。鼻孔保持清洁，鼻毛不得露于鼻孔外。

(2) 口腔要求

① 保持口腔清洁、无异味。用餐后要及时漱口。

② 工作前不食用有异味的食品，如蒜、韭菜等，不饮酒。

③ 工作中尽量不抽烟。

④ 如存在口臭问题，应注意与客户保持一定距离。

(3) 头发要求

① 男士头发长短应适中，前不盖额、侧不掩耳、后不及领。

② 女士宜选轻便式短发和自然式束发，不宜披发。

③ 勤洗头，保持头发无异味、无头屑，且梳理整齐。

④ 尽量不染发，不留怪异发型，以给人亲切感。

(4) 耳鼻部要求

① 耳廓、耳根后及耳孔边要经常清洁，不留有污垢。

② 鼻孔保持清洁，鼻毛不得露于鼻孔外。

③ 切勿当众擤鼻涕，宜在无人在场时以手帕或纸巾进行辅助。

(5) 手部要求

① 勤洗手，保持手部清洁。

② 经常修剪指甲，保持指甲整齐，指甲缝中不能有污垢。

③ 不能用牙齿啃指甲，也不能在公共场合修剪指甲。

④ 在工作岗位上不能进行挖耳、抠鼻、剔牙、抓痒等动作。

⑤ 严禁在手臂上刻字刻画，或佩戴怪异饰品。

(6) 着装要求

① 应着公司统一工装，保持工装整齐与清洁，不得有破损。

② 若有需要，工牌应时刻佩戴于胸前，使用公司统一发放的工包。

③ 不得佩戴形状怪异的装饰物、标记和吉祥物。

④ 皮带应与服装相协调，以深色皮带为宜。

⑤ 鞋子应保持鞋面干净，鞋带要系好，不得穿拖鞋。

2. 仪态礼仪

俗话说站有站姿，坐有坐姿，就是要求大家的仪态要落落大方，站、坐、行都要有度。基本的仪态礼仪有站姿、坐姿、行姿、手势和表情五个方面。

(1) 站姿

古人云"立如松"，良好的站姿应该是自然、轻松、优美的，应像松树一样有挺、直、高的感觉。不论站立时摆何种姿势，只有脚的姿势及角度在变，而身体一定要保持绝对的挺直。标准的站立姿势要求挺胸收腹，两肩平齐，双臂自然下垂。双腿靠拢，脚尖张开约60度，或双脚与肩同宽。站累时，脚可后撤半步，但上体仍须保持垂直，身体重心在两腿正中，精神饱满，表情自然。与客户谈话时，要面向对方站立，保持一定距离，太远或过近都是不礼貌的。站立姿势要正，可以稍弯腰，切忌身体歪斜、两腿分开距离过大、倚墙靠柱、手扶椅背等不雅与失礼姿态。站着与人交谈时，双手或下垂或叠放下腹部，右手放在左手上。不可双臂交叉，更不能两手叉腰，或将手插在裤袋里或下意识地做小动作，或摆弄打火机、香烟盒，玩弄衣带、发辫，咬手指甲等。但可随谈话内容适当做些手势。女性站立的正确姿势：最好是一只脚略前，另一只脚略后，两腿贴近，双手叠放在下腹部。

(2) 坐姿

坐姿总的要求是舒适自然、大方端庄。正确的坐姿：上身自然挺直，两臂屈曲放在双膝上，或两手半握放在膝上，手心都要向下。谈话时，可以侧坐。侧坐时上体与腿同时向一侧。要把双膝靠拢，脚跟靠紧。不要有摆弄手指、拉衣角、整理头发等懒散的姿态。两腿的摆法：既不能过于前伸，也不能过于后展，更不能腿脚摇晃。不雅坐姿：两膝分开，两脚呈八字形；两脚尖朝内，脚跟朝外；在椅子上前俯后仰，或把腿架在椅子或沙发扶手上、架在茶几上；两腿交叠而坐时，悬空的脚尖不能向上，更不能上下抖动或摆动；与人谈话时，勿将上身往前倾或以手支撑着下巴。在公共场所不要趴在桌子上，躺在沙发上，半坐在桌子或椅背上。

(3) 行姿

行走的姿势极为重要，因为人行走总比站立的时候多，而且一般又都在公共场所进行的，人与人相互间自然地构成了审美对象。行走时，步态应该自然轻，目视前方，身体挺直，双肩自然下垂，两臂摆动协调，膝关节与脚尖正对前进方向。行走的步子大小适中，自然稳健，节奏与着地的重力一致。与女士同行，男士步子应与女士保持一致。走路时应注意的事项：应自然地摆动双臂，幅度不可太大，只能小摆。前后摆动的幅度约45°，切忌做左右的摆动。应保持身体的挺直，切忌左右摇摆或摇头晃肩。膝盖和脚踝都应轻松自如，以免浑身僵硬，同时切忌走"外八字"或"内八字"。

(4) 手势

手势作为一种交流符号，具有十分重要的意义。了解和熟悉某些常见的手势，有助于更准确地相互理解和交流。使用手势时，需要注意把握好以下三个原则。

一是规范原则。人们在交往中，表示"再见"、"请进"等都有其规范的手部动作，不能随意改变和乱加使用，以免产生误解，引起不必要的麻烦。

二是贴切原则。手势语的使用要适应交往情境和环境，适合不同的交往对象，要考虑到双方关系、年龄、地位、心理及文化背景等方面的差异。

三是适度原则。手势语在交际中并不是多多益善，多余的手势不仅不能表情达意，反而是画蛇添足。

当众搔头皮、掏耳朵、修指甲、挠痒痒等不雅手势有损服务人员形象，应

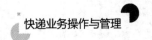

极力避免。

(5) 表情

如果语言障碍无法交流，微笑则是交流的"润滑剂"。微笑即是在脸上露出愉快的表情，是善良、友好、赞美的表示。在绝大多数交往场合中，微笑都是礼仪的基础。亲切、温馨的微笑能使客户迅速缩小彼此间的心理距离，创造出交流与沟通的良好氛围。

三、快递服务行为礼仪

行为礼仪是快递服务人员最应注意的一个方面，直接影响着客户对快递服务人员及快递公司的价值判断。作为一名快递服务员，一言一行不但代表自己、更代表着公司的企业形象，如果在服务过程中语言不规范、态度不佳、行为让人难以接受，不但会导致公司的信誉下降，也会影响到个人的工作业绩。快递服务行为礼仪主要包括公共场合礼仪、上门服务礼仪、窗口服务礼仪以及向客户接递物品礼仪等方面的内容。

1. 公共场合礼仪

在公共场合，快递业务员应遵纪守法、尊老爱幼、乐于助人、见义勇为；应爱护公共设施；爱护园林设施，爱护公共绿地；在使用公共卫生间时，应保持卫生间清洁，便后随手冲水，洗完手后随手关上水龙头。

2. 上门服务礼仪

在上门服务时，应将手机设置到震动或无声状态，以免由于手机铃声突然响起而影响你的服务质量或引发客户的不满情绪。打招呼是与客户沟通的第一步，积极、主动、愉快地与客户打招呼，将有助于与客户进行沟通。打招呼时看着对方的眼睛，会让对方察觉到对他的尊重。若仓促打招呼，即便穿着整洁、神清气定地去上门收件或派件，客户也会怀疑你的专业性和真实性。如果是在路途中遇到客人，不论你是否能够记得起是哪位客户，如果你鼓足勇气先行打招呼，就会给客户留下美好的印象。当对方在接电话或接待其他人员时，稍稍点下头或使用某些恰当的肢体语言会比唐突的打招呼更有效，等客户忙完了，再进行工作。

在与客户交谈时，开朗、清晰地说话，认真地倾听也是对对方的尊重，点头是其中的一种答话方式，当交谈时，对方看得见会有很好的效果，如果看不见，即使只是随声附和"是"、"明白"、"听到了"、"知道了"，也会让交谈对方感受到你在认真听他们说话。

3. 窗口服务礼仪

窗口是客户了解快递企业最直观的渠道。能够准确、迅速地接待客户是对窗口服务人员最基本的要求。在客户向窗口靠近的过程中，窗口服务人员应迅速做出反应，主动向客户问好、询问客户需求并帮助和指导客户完成快件寄递业务。

4. 接递物品礼仪

快递业务员在向客户递送或接收快递物品、运单、宣传单或其他票据时，都应采取双手递上或接过来的方式，以示对客户的尊重。如果是需要客户签字，应双手将文件递上，并使文件的正面对着客户一方。如果向客户发放宣传单页被拒绝时，快递业务员也应双手从客户手中接过宣传单页，并说："如果您今后有这方面的需要，我将随时为您送上业务介绍单"。快递业务员切忌单手用力抽回单页或做出其他气愤动作。

四、快递服务语言礼仪

快递服务人员与客户交谈时，应使用文明语言，尽量少用专业术语，让客户有亲切感，避免出现影响交流效果的情况。

1. 日常服务用语

在快件服务中，语言要亲切，招呼要热情，待人要诚恳有礼貌，主动、恰当、自如地使用文明用语："您好；请；对不起；麻烦您……；劳驾；打扰了；好的；是；清楚；请问……；请稍等（候）；抱歉……；没关系；不客气；有劳您了；非常感谢（谢谢）；再见（再会）等。"快递业务员在与客户打交道时常用的文明礼貌用语有：

在同客户打招呼时，可以说：

◆ 早上好/下午好！我是××快递公司快递服务人员。

◆ 您好，我是××快递公司快递服务人员，让您久等了！

称呼客户时可以用：

◆ 贵公司/贵部门（对方公司的称呼）；

◆ 姓氏＋先生/小姐（对客户本人的称呼）；

同客户交流时，可以说：

◆ 您说/请讲；

◆ 是的/嗯/知道/明白；

◆ 还请您阅读一下……；

- ◆ 打扰一下，请您在这里签个字；
- ◆ 请让我来帮您包装快件吧；
- ◆ 真是对不起，刚才是我搞错了，我马上更正，请您谅解；
- ◆ 谢谢您的信任，我们会准时将所寄物品送至收件方的，打扰您了；
- ◆ 谢谢您了，承蒙关照，希望下次再为您服务。

当遇到客户寄递的物品属于违禁物品时，可以解释和劝说：

- ◆ 对不起/非常抱歉，这种（类）液体属于易燃液体，是航空违禁品，不能收寄，请您谅解；
- ◆ 对不起/非常抱歉，这种（类）粉末会被认为是违禁品而被有关部门查扣，不能收寄，请您谅解；
- ◆ 非常抱歉，这种（类）物品在运输途中可能会存在安全隐患，不能收寄，请您谅解。

在任何情况下，都应避免使用以下粗俗或带有攻击或侮辱性的语言：

- ◆ 你家这楼真难爬！
- ◆ 运单怎么还没有准备好啊，我很忙！
- ◆ 每次到您这里都耽误我好多时间，您看，今天又是这样！
- ◆ 你怎么这么笨，都教过你好多次了，还要问如何填写运单！
- ◆ 你们公司到底在哪里，我的腿都要走断了还找不到！
- ◆ 我们公司不是为你家开的，说怎样就怎样！
- ◆ 嫌贵，就别寄了！
- ◆ 我没时间，自己填写！
- ◆ 找领导去/您找我也没有用，要解决就找领导去！
- ◆ 有意见，告去/你可以投诉，尽管去投诉好了！

2. 电话礼仪

电话已是现代社会最重要的沟通渠道。为更好地开展业务，也要求快递服务人员掌握正确的电话礼仪，来更好地处理客户、自身和公司的关系。

快递业务员应时刻保持手机畅通，及时接听电话。接、打电话时，都应当马上告知自己的身份，如："您好，我是××快递公司。"这样就不会让客户产生质疑，并可以节省时间。如果对方没有告诉你他的姓名，而你主动告诉他时，可以减少敌对的气氛。

在通话过程中要专心，边吃东西或喝饮料边与客户讲话是对客户极端的不尊敬，如果你真的必须分神来照顾其他事，请向客户解释清楚并请客户稍等。用手捂住听筒讲话也会让客户感觉不礼貌。在与客户通电话时，尽量减少其他声音。

如果因故无法按时到达客户处，要在第一时间通知公司客服部门，向客户致电表示歉意，争取得到客户谅解。

在确定对方确实已经讲完时，再结束电话，并让对方先挂断电话后自己再挂断电话。

常用的电话文明礼貌用语有：

◆ 早上好/下午好/打扰您了，我是××公司快递服务人员，现在为您派件，但不知您的具体位置在哪？

◆ 您好，打扰您了，我是××公司快递服务人员，您是在××大厦A座×楼吗？

◆ 很高兴与您通话，×先生/小姐。

◆ 不好意思，我马上到您那派件，请您稍等。

工作任务二 快递人员服务规范

服务规范即岗位礼仪或岗位规范，指快递人员在岗位上服务客户时标准的、正确的做法。在快递企业不同的部门和岗位的工作人员都有自己的岗位职责，也有自己有别于其他部门或岗位的特殊的礼仪要求。直接和客户接触的一线岗位如收派员、窗口收寄人员等基层岗位，以及间接为客户服务的基层岗位如仓管员、点部主管等都有相应的明确的服务规范。

一、快递收派员服务规范

快递收派员是快递企业面向客户大众的最直接、最庞大的群体，因此快递收派员的服务规范直接影响着整个快递企业的形象。

1. 准备工作

出发前检查交通工具，轮胎、绳子、存放物品的架子、遮阳挡雨等物品。检查是否佩戴工牌，工具（运单、笔、秤、封箱纸、胶带）、发票、零钱等是否配备齐全，避免在客户处出现慌乱。

对于第一次上门或地址不详的陌生客户，最好事先电话确认客户是否在家。这样做能够使快递服务人员规划好具体的收派行程，节约时间，提高收派件的效率。

发生意外情况时，如车坏、交通意外或不能在预订的限时服务时间内到达客户所在场所收派件时，应在第一时间通知客户和公司相关负责人。做出快速调整或安排其他快递服务人员接替工作，置之不理或无视这种情况将会导致客户不满和投诉。

自行车（摩托车）上的快件捆扎牢固，在路上随时注意，避免快件掉落。

到达目的地后，妥善存放与保管好交通工具和快件，以免造成客户快件遗失或影响他人。在进入客户办公场所前，要保持衣着整齐和头发整洁，擦去面部和头发上的汗水、雨水、灰尘等。

2. 快件收派

到达目的地后，就要进入客户单位或小区里进行快件收派工作。在工作中，快递业务员代表公司，以工作身份进入客户所在场所，不应私带亲属、朋友，避免给客户带来困扰。

(1) 等待进门

在客户单位或小区时，应主动出示工牌，礼貌地与客户处的员工打招呼并进行自我介绍，如："您好！我是××快递公司服务人员，我是来给×先生/小姐收/派件的。"

在客户场所需配合客户公司或小区的要求办理相关进出入登记手续，及时归还客户公司的相关证明，如放行条、临时通行证等。

若有收发室（小区物业等）统一办理收派快件的，应事先向客户确认，并得到客户许可，否则应向工作人员说明快件重要性和责任，尽量由客户亲自签收，但无论何种情况都不得与前台人员发生任何口角和冲突。

当前往客户办公室（房间）时，无论客户办公室（房间）的门是打开还是关闭，都应该按门铃或敲门向客户请示。若按门铃，用食指按门铃，按门铃时间不超过3秒，等待5～10秒后再按第二次；若需要敲门时，应用食指或中指连续敲门3下，等候5～10秒门未开，可再敲第二次。敲门时，应用力适中，避免将门敲得过响而影响其他人；在等候开门时，应站在距门1米处，待客户同意后方可进入房间内。

(2) 进门

进门后，在客户场所应遇事礼让、和平共处，不东张西望，对除客户外的相关人员，如客户的同事、朋友应礼让三分，在征得同意后，才能进入客户办公场所或其他地方；在客户处的走廊、大厅、电梯里遇到客户处的员工都应主动让路，如确需超越时应说："对不起，麻烦一下"。快递服务人员切忌出现手把门框、脚踏墙壁的动作。

针对与客户的熟悉程度不同，应采用不同的自我介绍方式。如是上门服务次数较少、不认识的客户或与客户不熟悉，应面带微笑、目光注视客户，采用标准服务用语，自信、清晰地说："您好，我是××快递公司快递服务人员××，我是来为您收件的"，介绍的同时出示工牌，把工牌有照片一面朝向客户，停顿2秒，让客户看清楚照片和姓名；如上门服务次数较多、与客户很熟悉或属于公司经常服务的客户，可省略自我介绍，但应热情主动与客户打招呼，并直接表示"您好，×先生/女士，我是来为您收件的"。

（3）收派等待

当到达客户所在场所，遇到不能马上收取快件时，要态度谦逊、礼貌地上前询问，并视等候时间作出调整，责怪、不耐烦的询问语气只会增加客户的反感而不会得到帮助。千万不要埋怨客户，对服务行业来说，这可是大忌。

如果快递服务人员到达客户处，客户还没有把托寄的物品准备好，收件员应礼貌地询问还需多长时间，如果在15分钟内不能准备好的话，应做到：一是向客户解释因时间紧张，还需去其他公司收取快件，不能长时间等候，告知客户准备好后再打公司接单电话，同时快递服务人员本人应打电话跟公司讲明情况，说明已去过但客户未准备好；二是与客户约定收件时间，在约定时间内一定要赶回客户处收取快件，同时也应向公司备案。

在短时间的快件收派等待时间内，快递服务人员未经客户允许，不得随意就座或随意走动，不得任意翻看客户处的资料、表示不耐烦、私喝客户处的水、与前台小姐开玩笑、吸烟等，也不得在客户处大声喧哗，私自使用客户电话，这都将引起客户怀疑甚至反感。在客户处使用手机时也应尽量小声，以不影响到客户为原则。

（4）快件签收

将快件双手递给客户，并说"×先生/小姐，这是您的快件，请确认一下。"如客户没有疑问，则用右手食指轻轻指向运单上收件人签署栏，"×先生/小姐，麻烦您在这里签收，谢谢"；若客户对快件有疑问，应礼貌提醒客户："请您和快件客户再联系确认一下好吗？"

在签收过程中，如发生快件损坏、部分遗失、货件数量不符等情况，导致客户拒绝签收时，需做耐心解释，态度要不卑不亢、不温不火、有礼有节，不能与客户发生任何争执，及时与公司联系，协商处理办法。

（5）快件收取

询问客户，"×先生/小姐，这是您要寄的快件吗？"，并双手接过客户递过来的快件。将运单双手递给客户，并说"请您填写运单"或"请问运单填好

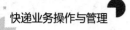

了吗?"

(6) 快件验视

无论货物是否包装好,快递服务人员都应礼貌询问和验视客户所托寄物品的内容,"×先生/女士,为了对您负责,请允许我帮您确认一下包装内的物品、数量或内包装是否完好,以免有什么遗漏"。若验视出所寄物品为违禁物品时,应礼貌地告知客户,公司不予受理的物品,并给予解释,"对不起/非常抱歉,这种(类)物品属于易燃液体(危险物品),是航空违禁品,不能收寄,请您谅解"。验视快件时应尽量小心,要让客户感觉到你对客户托寄物品的爱护。

(7) 快件包装

对于验视确认能够快递的快件,如果客户已提供包装,要仔细检查其严实与牢固程度。在客户面前做好易碎品的相应防护措施及标识,并主动提醒和协助客户加固包装,客户心理会更加踏实和放心。如果客户没有进行包装,则应当着客户的面进行包装,按照公司规定操作,操作时不要影响客户的办公,如有纸屑或其他杂物落下应及时捡起并放入纸篓中或带到外面投入垃圾桶中。

(8) 快件称重

如在客户处称重或计算轻抛重量,应主动提示客户:"×先生/女士,请您看一下,计费重量是×千克,运费是××元"。如无法在客户处称重,应在征得客户同意后将货物带回公司称重,并于第一时间通知客户最终的计费重量和实际运费。如遇客户不信任的情况,快递客服人员应向其说明,"×先生/小姐,请您放心,我们会在第一时间将准确的计费重量通知您,另外,我们公司在这方面的监督是非常规范和严格的。"

(9) 填写运单

在客户不明白运单填写的相关内容时,应主动作出合理解释。当运单填写不详细时,快递服务人员应耐心解释,"×先生/小姐,为了保证您的快件准时、安全、快捷地送达,麻烦您把××栏目详细填写一下,谢谢您。"

(10) 客户签字

将运单双手递给客户,并用右手食指寄件或收件人签署栏,"×先生/小姐,麻烦您在这里签名,谢谢!"将客户留存条给客户,"请您收好,这是给您的留底,作为查询的凭证,"并告知客户,"这次快件的运费一共是××元。"

(11) 收费

快递服务人员须按运单上的应收运费进行收取,不得以任何理由收取任何额外费用,如联系电话费、过路费、过桥费等,当客户付运费时,应双手接受客户交付的运费。根据客户的要求开出收据或回公司开具发票并及时交给客户。

（12）辞谢与道别

所有收派工作完成后，一定要进行辞谢和道别。辞谢时，可以说"谢谢您，希望下次再为您服务。"此时眼睛一定要看着客户，即使客户背对着你或低着头，也要让对方清楚地听到（但不能影响到客户处其他的人员），这样不但让客户感觉到对他的尊重，同时也不会给客户带来不必要的麻烦。最后微笑着道别，"还有快件要发吗？谢谢您，如有需要请随时致电我们，再见。"离开办公室时应把门轻轻带上。与客户道别，如果说话道别，会让客户很受用；不与客户道别，扬长而去，会给客户造成好像少点什么的感觉，使客户总觉得不放心。

二、窗口收寄人员服务规范

1. 准备工作

窗口收寄人员应提前到岗，穿着工装、佩戴工牌，提前完成各项检查工作，在规定时间准时对外办理业务。当客户走近窗口时，临近服务人员应分辨身份、起身对客户打招呼："您好，请问您办理什么业务？"

2. 窗口服务

（1）收寄

问清楚客户如果是前来寄送快件的，窗口服务人员应说："×先生/小姐，这是您要寄的快件吗？"并双手接过客户递过来的快件。将运单双手递给客户，"请您填写运单"或"请问运单填好了吗？"无论货物是否包装好，快递服务人员都应礼貌地询问和检查客户所托寄物品的内容。"×先生/小姐，为了对您负责，请允许我帮您确认一下包装内的物品、数量或内包装是否完好，以免有什么遗漏"。

如若检查出所寄物品为违禁物品时，应礼貌地告知客户公司不予受理的物品，并给予解释，"对不起/非常抱歉，这种（类）物品属于易燃液体（危险物品），是航空违禁品，不能收寄，请您谅解"。检查快件时应尽量小心，要让客户感觉到你对客户托寄物品的爱护。对于检查确认能够快递的快件，如果客户已提供包装，要仔细检查其严实性与牢固程度。在客户面前做好易碎品的相应防护措施及标识，并主动提醒客户并加固包装，使客户更加踏实和放心。如果客户没有进行包装，则应当着客户的面进行包装。

快件在秤上显示重量后，应主动提示客户："×先生/小姐，请您看一下，计费重量是×千克，运费是××元"。

在客户不明白运单填写的相关内容时，应主动作出合理解释。当运单填写不详细时，快递服务人员应耐心解释："×先生/小姐，为了保证您的快件准时、安全、快捷地送达，麻烦您把××栏目信息填写一下，谢谢您。"

将运单双手递给客户，并用右手食指轻轻指向寄件人或收件人签署栏，"×先生/小姐，麻烦您在这里签名，谢谢！"

将客户留存条递给客户，"请您收好，这是给您的留底，作为您查询的凭证"，并告知客户"这次快件的运费一共是××元。"

（2）签收

如果问清客户是前来取快件的，窗口服务人员应说："请您出示您的有效证件"。双手接过客户证件后，对客户说："请您稍等，我给您查找您的快件"。

找到快件后，双手将快件递给客户，"这是您的快件请您确认一下。"若客户没有疑问，则用右手食指轻轻指向运单上收件人签署栏，并说："×先生/小姐，麻烦您在这里签收，谢谢"；若客户对快件有疑问，应礼貌提醒客户："请您和寄件客户再联系确认一下好吗？"

在签收过程中，如发生快件损坏、部分遗失、货件数量不符等情况，导致客户拒绝签收时，需作耐心解释，态度要不卑不亢、不温不火、有礼有节，不能与客户发生任何争执，及时与公司联系，协商处理办法。

（3）送别客户

当客户办理完业务离开柜台时，窗口服务人员应与客户道别："谢谢您，请慢走！"

三、快递业务员职业守则的具体要求

1. 遵纪守法，诚实守信

"遵纪守法"，就是要求快递业务员严格遵守国家的各项法律法规和企业内部的规章制度。俗话说，没有规矩不成方圆，只要人人都自觉地遵纪守法，照章办事，社会秩序才能保持良性运转。譬如，在奥运会举办期间，国家邮政局曾明确规定，快递服务人员上门揽收客户快件时，需当面开拆验视内件，以确保奥运安全。在此情况下，快递业务员必须不折不扣地严格遵守国家这一规定，如果客户对此不理解，应耐心向其解释并取得他们的理解和配合，而决不能怕麻烦或为了讨好客户而敷衍了事。

"诚实守信"，就是要求快递服务人员重信誉、守信用。中华民族素来崇尚诚信，至今留下许多关于诚信的脍炙人口的故事。"言必信，行必果"，"一言既出，驷马难追"等古语，都反映了中华民族对诚实守信品质的追求。在商业活动中，"货真价实、童叟无欺"等关于诚信的对联，都体现了提倡公平交易、诚实待客、不欺诈、不作假的行业道德精神。快递业务员面对客户，一定要讲究诚实守信，在向客户介绍产品时，实事求是地介绍真实情况，不能为了招徕客户不顾事实地提供虚假信息。一旦按照规定作出了承诺，就应认真履行。

2. 爱岗敬业，勤奋务实

"爱岗敬业，勤奋务实"，就是要求快递业务员热爱快递事业，树立责任心和事业心，踏踏实实地勤奋工作。快递业务员在实际工作中爱岗敬业的例子很多，比如，在寄送快件途中突遇暴雨时，许多业务员宁肯自己被雨淋也会毫不犹豫地把快件层层包好，以确保快件的完好无损等。

另外，随着信息、通信等高科技的快速发展，现代快递行业的综合科技含量也越来越高，快递从业人员需要学习和掌握的科技文化知识也越来越多。因此每一位快递业务员都必须努力学习与快递相关知识，刻苦钻研快递业务，才能为用户提供多元化的高效服务，并促进快递行业又好又快地发展。

3. 团结合作，准确快递

"团结协作"，是快递业务工作的特性决定的。快递业务是由一整套的业务流程，由各个环节甚至不同地区的员工分工合作完成的。例如一封从北京寄往上海的快件，就需要北京的快递业务员去上门收寄、邮件中心分拣、转运，然后由上海地区的业务员进行接收、分拣、投送，才能完成的。因此快递业务员在工作中重视团结、协调与合作，就显得尤为重要。

"准确快递"，是因为快递服务最根本的制胜点就反映在一个"快"字上。快递业务员在工作过程中对时限的承诺，一定要树立高度的责任意识，承诺客户什么时间送达，就要保证按时送达。同时，各个快递环节都应保证准确、无误。要做到这一点，快递业务员就必须苦练基本功，尤其是在快件分拣过程中，须在一两秒钟时间内按地区代码准确进行分类，如果出现分拣错误，快件势必将送错地方，确保时限也就无从谈起了。

4. 保守秘密，确保安全

"保守秘密"，是由快递服务的特殊属性决定的。快递业务员所负责寄递的快件，很有可能会涉及客户的个人隐私、商业秘密或是国家机密，这就要求快递业务员不论是对客户所寄递快件的相关信息还是对客户的个人信息，都要保守秘密，绝不对外界透露，否则，将侵害客户的权益，严重的还会受到法律的制裁。这里需要强调的是，保守秘密与诚实守信是不矛盾的。如果一个人为了维护国家和人民的利益而讲了假话，并且使国家机密得到了保护，那就体现了他对国家、对人民、对职业的忠诚，也就体现了他遵从诚实守信职业道德的要求。

"确保安全"，要求快递业务员在工作过程中，必须保证快件的安全，将快件完好无损地送到客户手中。另外，也要注意保护好生产工具，如运送快件的车辆安全，还要保护好自身的人身安全。

5. 衣着整洁，文明礼貌

"衣着整洁，文明礼貌"，是对服务行业者的基本要求。作为快递业务员，尤其是需要面对客户的收寄和派送的外勤人员，其外表和精神面貌直接代表了企业的形象和素质。因此，快递业务员在工作时间要统一着装，并注意保持工装整洁。文明礼貌，强调快递业务员在向客户提供服务时，要主动、热情、耐心，首先是要做到语言文明，使用规范、礼貌的语言耐心向客户介绍情况，回答问题；其次要举止文明，摒弃粗俗不雅的动作，通过得体的衣着、大方的举止，反映快递业务员的精神面貌及所属企业的形象。在服务过程中，要主动、热情、耐心，做到眼勤、口勤、手勤、腿勤，对老、弱、孕客户，应给予更为周到细致的服务和帮助。

6. 热情服务，奉献社会

"热情服务，奉献社会"，是职业道德规范的最高要求。为客户提供优质高效的服务，是每一位快递业务员的神圣职责。快递业务员要有高度的责任心和使命感，应本着全心全意为人民服务的精神，以饱满的热情投入到快递工作中去，以积极进取的心态在工作中追求卓越、奉献社会。

情景小结

本情景主要介绍了快递客户服务礼仪的基本内容与要求，明确了快递员工基本的形象礼仪、快递服务行为礼仪和快递语言礼仪等，并对快递收派员和窗口收寄人员在工作中的服务规范作了详细介绍。

实训项目

1. 训练目标

通过实训，使学生进一步熟悉快递业务操作和实施过程中的基本礼仪和规范，培养学生的职业能力。在遵循快递服务礼仪和规范的原则下，提高学生的内在素质和社交能力。

2. 训练内容

以小组为单位，模拟进行快件收派或窗口收寄服务，场景、情节和对白等由小组自行设计，要求整个活动过程中要体现快递服务的礼仪规范。

3. 实训步骤

(1) 分别进行准备工作、等待进门、进门、收派等待、快件签收、快件收取、快件验视、快件包装、称重、填写运单、客户签字、收费、辞谢与道别各个快递环节的训练，教师可在旁指导，学生也可以相互之间进行评议指导，使之符合礼仪规范。

(2) 学生根据设计的场景，融入到角色中进行模拟训练。

(3) 学生观摩后讨论，好的地方相互学习，有问题的地方加以改进。

(4) 教师点评。

4. 实训要求

(1) 要求同学们身临其境，模仿场景中的角色进行演练。

(2) 要求模式训练符合礼仪规范。

(3) 对白设计合理。

(4) 表情大方，姿势端正，声音清晰明朗，语气亲切自然。

5. 实训成绩考核

评 分 标 准	自评（10%）	小组互评（30%）	教师评价（60%）	合　计
仪容仪表礼仪（20分）				
行为礼仪（20分）				
语言礼仪（20分）				
快递服务规范（20分）				
设计（10分）				
综合整体感觉（10分）				
综合评分				

思考与练习

1. 快递服务礼仪的内涵和特征是什么？

2. 快递员工在为客户服务时应注意哪些方面的礼仪？

3. 快递员工服务规范的要求有哪些？

学习情景三
快件收寄业务操作

工作任务一 快件收寄

一、快件收寄业务知识

快件收寄,是快递流程的首要环节,是指快递企业在获得订单后由快递业务员上门服务,完成从客户处收取快件和收寄信息的过程。快件收寄分为上门揽收和网点收寄两种形式,其任务主要包括:验视快件、指导客户填写运单、包装快件、计费称重、快件运回和交件交单等项工作,如图3-1所示。

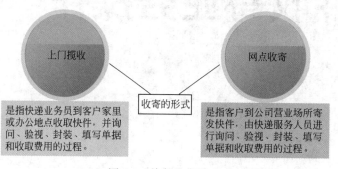

图 3-1　快件收寄形式

收寄的具体要求与操作流程如图3-2所示。

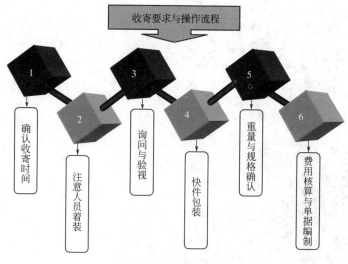

图 3-2　收寄操作流程

二、上门揽收

当客户发生快递服务需求时,通过电话或网络进行下单,快递服务组织在接单时应记录用户姓名、取件地址、联系方式、快递种类、快件目的地等相关信息,同时约定取件时间,一般取件时间宜在 2 小时内,有约定的除外。并向客户提供服务范围、服务时限、服务价格、物品禁限寄规定等信息,若不能提供快递服务,及时告知用户。

快递人员收取快件的具体操作步骤如图 3-3 所示。

步骤1 快件查验
- 检查客户需要发送的物品是否属于禁运物品
- 检查物品的重量、规格是否符合寄递相关规定

步骤2 指导运单填写
- 指导客户正确、完整地填写运单并检查
- 告知客户阅读运单背书条款

步骤3 包装快件
- 指导或协助客户使用规范的包装物料和填充物品进行包装
- 仔细检查包装,保证物品的安全

步骤4 称重计费
- 对包装好的物件进行重量和体积的测量
- 按照公司资费计算标准计算运费和保险,并在运单上准确记录

步骤5 收取费用
- 根据客服选择的支付方式进行现结或记账

步骤6 粘贴运单
- 运单交给客户检查,并请其签字确认
- 按要求将运单粘贴到快件指定位置

图 3-3 快递人员上门揽收的步骤图

知识链接 收寄特快"四提醒"

在特快邮件的收寄和处理过程中,有一些细节很容易被忽视,给投递以及日后的查询、理赔等工作留下了隐患。收寄特快邮件时应注意以下问题:

提醒寄件人认真阅读邮件详情单上的使用须知并指导其正确填写和粘贴邮件详情单。填写收、寄件人名址时,特别是收件单位,不可只填写单位名称,应详细填写所在的地址。另外,寄件人的名址也不能省略或漏填,以防邮件因故被退回时不能及时地投退给寄件人。

提醒寄件人不要漏填和少填内件物品名称，仔细检查所填写的物品名称与内件是否相符，避免出现因内件不符而拒收情况的发生。一旦邮件发生丢失或损毁，也难以明确事故、差错责任，难以进行理赔处理。

提醒寄件人如实地填写物品价值，需要保价的应填写保价金额。不应漏填或多填、少填，以及随意估价，否则会给日后赔偿处理带来一些不必要的纠纷。

提醒寄件人准确地填写收、寄件人的手机和电话号码，这一项易被遗忘。殊不知，如果寄件人漏填这项信息，如邮件因收件人迁移新址等原因无法投递，又无法与收件人取得联系，邮件则只能被退回。

来源：中国邮政报，2011-02-17.

三、网点收寄

1. 工作流程

快递人员网点收寄工作流程如图3-4所示。

2. 服务标准

快递人员网点收寄服务标准如下。

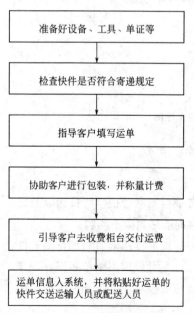

图3-4　快递人员网点收寄工作流程图

（1）准备

快递人员应提前准备好需要使用的操作设备、用品用具、运单等。

（2）收取快件

① 欢迎：快递人员应保持标准站姿，向进来的客户主动问好："欢迎光临，请问需要帮助吗？"

② 收取：快递人员与客户确认需寄送的快件时，应双手接递快件和运单。

③ 验视：询问和验视客户物品，如违禁物品，应礼貌告知客户不予受理。

（3）指导客户填写运单

填写运单：指导客户填写运单。当客户不明白相关内容时，快递人员应主动进行讲解，当客户填写不详细时，快递人员应耐心解释。

检查运单：在客户填好运单后，快递人员应对填写内容进行检查。

提示客户阅读运单背书条款。

(4) 包装、称重、计费、指导客户签字

① 包装：若客户未提供包装，则按照公司规定操作，并及时清理现场；如客户提供包装，则仔细检查包装的严实性与牢固性，做好易碎品的防护处理及标识。

② 称重、计费：向客户说明称重规则和计费标准，并解答客户的疑问；称重计费后，请客户检查确认。

③ 指导客户签字：双手将运单递给客户，右手食指轻轻指向收件人签署栏，请客户签字并将客户留存条递给客户。

(5) 收取费用

询问客户付费方式（现结、记账）；若客户选择现结，快递人员带领客户到收费柜台缴费；若客户选择记账，快递人员应在运单栏注明客户的记账账号。

(6) 运单信息录入、粘贴运单、交件交单交款

快递人员在完成上述工作后，需将运单信息及时录入系统，并按粘贴规范将运单、标识等粘贴在快件的适当位置，然后复查快件包装和运单内容，确认没问题后将快件交送快件配送人员，快递人员每天需将当天收取的款项交财务人员。

四、大客户收件

1. 大客户收件的特点

大客户是指与本公司签订合作协议且每天发件数量达到了一定标准的客户，其显著特征为合作次数较多、服务方式特定和服务要求高等。具体来说有以下几方面的特点：大客户是与快递企业签订合作协议的公司或个人，通常就付款事宜、快递价格、服务要求等方面签订合作协议；大客户快递业务量较多，合作次数较多；大客户的快件具有较固定的特点，通常由快递企业为其制订特定的服务方式；大客户要求服务及时、周到全面、保证质量。

2. 大客户收件安排

由于大客户的业务量大，快递企业及相关快递人员应对大客户的收件工作特殊安排。

(1) 收件频次

每个工作日应至少安排一次收件工作，如有需要可每日安排两次收件工作。

(2) 收件准备

定期为大客户提供标准化的包装件、快递单据，以方便客户随时填写发件信息。

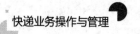

(3) 收件处理

大客户所投寄快件的类型较为固定，且已完成包装和运单填制，收件员可称量计价后直接收取快件，无须进行特殊验视、指导运单填写和帮助包装等工作。

(4) 费用结算

大客户的快递费用结算由快递企业统一安排财务人员进行。

五、电子商务企业收件

1. 电子商务企业的快件特点

电子商务企业一般均是快递企业的大客户，但是因其业务的特殊性质，故收件方式与其他大客户稍有不同。电子商务企业快件的特性有以下4点：

① 所寄快件已经过包装，无须处理；

② 运单由电子商务企业的出库管理人员负责填制、粘贴；

③ 收件人（即购物者）一般均有明确的收件时间，要么仅在工作日收件、要么仅在周末和国家法定节假日收件等；

④ 电子商务企业作为快递企业的大客户，其收件频次、付费标准、结算运算等均直接同快递企业联系。

2. 电子商务企业的收件流程

由于电子商务企业所寄快件数量较大，一般由快递企业专车收件。电子商务企业的收件工作应按照以下流程进行：

① 快递人员需要每日准时到电子商务企业指定的收件地点收取快件；

② 收件时，快递人员做好收件记录；

③ 收件结束以后，快递人员和电子商务企业的出库管理人员签字交接。

六、国际快件收寄

1. 国际快件的分类

国际快件按照通用方法，一般分为文件、包裹两类。

(1) 文件类

是指法律、法规规定予以免税且无商业价值的文件、单证、票据及资料，品名申报为"DOC"（文件），申报价值为"0美元"。

(2) 包裹类

是指法律、法规允许进出境的货样、广告品，需要以实际价值进行申报。

包裹类快件需要客户提供形式发票或商业发票。包裹根据其申报价值的高低又分为高价包裹和低价包裹。各国对低价包裹和高价包裹的划分不尽相同。

2. 国际快件的重量和规格要求

重量限度：国际快件每件最高重量为 50 千克，有的国家对包裹限重分别为 20 千克、15 千克或 10 千克，因此，包裹重量限度应以寄达国为标准。我国采用的单件最高重量限度为 50 千克，单票不超过 250 千克。

规格限度：非宽体飞机载运的快件，每件快件重量不超过 80 千克，体积一般不超过 40cm×60cm×100cm。宽体飞机载运的快件，每件快件重量一般不超过 250 千克，体积一般不超过 100cm×100cm×140cm。

知识链接 一些特殊国家的快件重量和规格要求

A. 日本：单件重量不可超过 50 千克，三边长度之和不能大于 210 厘米。

B. 新加坡、马来西亚：单件重量不能超过 85 千克，最长不能超过 150 厘米，宽和高不能超过 80 厘米。

C. 泰国：单件重量不能超过 85 千克。

D. 韩国：单件重量不能超过 130 千克，单件长度不能大于 140 厘米。

E. 美国：纽约快件单件重量不能超过 30 千克，其他城市快件单件重量不能超过 35 千克。

F. 英国、以色列、中南美：单件重量绝对不能超过 30 千克。

G. 菲律宾：单件重量不能超过 30 千克。

H. 欧洲其他国家：单件重量不能超过 50 千克，周长（长＋2×宽＋2×高）不能超过 300 厘米，最长、最宽、最高分别为 200 厘米、80 厘米、60 厘米。

I. 印尼：单票重量不能大于 20 千克，最长不能大于 170 厘米。

J. 澳大利亚：单件重量不能大于 30 千克，最长不能大于 170 厘米。

3. 国际快件服务费用

在国际快递业务中，一般采用首重加续重计算方法，资费计算公式为：

资费＝首重价格＋（计费重量－首重）×单价

由于国际业务涉及全球多个国家和地区，所以快递企业为了快递业务员能更加迅速地计算国际快件的服务费，同时也可以让客户更加直观地了解寄递到各个国家的服务费用，快递企业大都采用分区计费的方法，按照各个国家的地理位置自行制定收费规则。

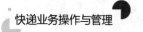

4. 国际快件详情单填写的注意事项

寄件人和收件人名址应使用英文、法文或寄达国通晓的文字书写。如用英文、法文之外的文字书写时，应使用中文或英文加注寄达国国名和地名。文件类的快件可只填写快递详情单，物品类的快件除了填写快件详情单外还应该填写形式发票、内件品名及详细说明等内容，应使用英文填写，申报价值以美元表示。寄往香港、澳门、台湾地区的快件，寄件人、收件人名址可以用中文书写。

5. 国际快件的单据交接

① 文件类快件单据：将快件详情单的第一联收寄汇总即可。
② 包裹类的快件单据：将快件详情单的第一联、形式发票、装货单、报关委托书等资料一并整理。

6. 国际快件通关

国际快递业务与国内快递业务相比，流程大致相同，都要经历快件收寄、分拣、转运、派送等基本过程，但是因为国际快递业务在运输过程中需要经过进出境环节，所以在进出境过程中应当遵照各个国家进出境的相关法律和要求。目前，世界各国都设置海关机构，代表国家在进出境环节实施监督管理。国际快递业务在进出境过程中需要受到海关的监督，所以国际快递业务比国内快递业务增加了通关环节。

通关又叫清关、结关，是指海关对快递服务组织呈交的单证和快件依法进行审查征收税费、批准进口或出口的全过程。主要是包括快件的申报、查验、征税、放行等环节。

通关通俗的解释就是快递企业在将快件运出 A 国国境前，先向 A 国海关书面报告所运载的快件品名，经过 A 国海关查验确认实际运载物品与报告中的描述一致后，给予放行的过程。在此过程中 A 国海关可能会根据本国情况向快递企业收取相应的税费。A 国海关同意放行后，快件经过运输到达 B 国关境，同样快递企业需要在将快件运进 B 国关境时，向 B 国海关申报所运物品，经过 B 国海关的查验确认后，此物品进入 B 国，然后由快递企业在 B 国进行派送。在快件转运的过程中，因涉及 A、B 两国的海关，如果快递企业所运载的快件不能满足 A 国或 B 国的要求，快件则无法完成转寄。国际快件在寄递过程中，需要根据海关的相关规定，准备相应的资料，如发票、报关委托书等。

7. 国际快件封发

国际快件出境必须经过海关等部门的检查，与国内快件的封发具有不同的流程。国际快件必须按照报关需求分类装袋封发。所用的封装包袋、封志、包牌等具有更高的质量、信息量要求。

(1) 国际快件的登单

国际快件的登单即在处理中心，应用条码设备扫描国际快件，形成封发信息。操作程序如下：启动操作系统，使用操作员本人用户名和密码登录，选择系统国际登单功能操作模块。系统一般默认始发站代码和日期等信息。根据操作系统提示，首先要扫描预制总包条码牌（签），并输入封发快件的寄达地代码、运输方式、快件类别、转运站代码等相关信息进行建包。建包后逐票扫描快件条码，装入总包。扫描时注意设备提示声响，当设备发出扫描失败提示音时，应复查出错原因及时纠正。为合理建立总包、方便报关、保证快件完全完好，应将快件分类扫描。文件与包裹、重货与清货分开；可批量报关的低价值快件，与单独报关的高价值快件分开扫描，分袋封装。一票多件的快件要集中码放、集中扫描。条码污染、不完整而无法扫描的快件，用手工键入条码信息或按规定换单处理。时限件、撤回件、其他有特殊要求的快件应输入特殊件代码或另登录专用模块单独处理。扫描结束，调取扫描数据与实物快件进行对比，检查件数是否相符，检查快件寄达城市代码是否属本总包经传范围。有快件无扫描记录的，应重新扫描登单。上传数据，按规定打印快件封发清单，或打印总包包牌、包签。检查作业场地及周围有无遗漏快件。一切正常则退出登录，关闭系统；否则，重复前面步骤，重新进行扫描操作。将打制清单及其他资料按规定随运袋发运、存放。

(2) 国际快件的装袋操作

选择颜色大小适宜的包袋，封发国际快件考虑报关需求，文件与包裹、重货与轻货分开封袋，可批量报关的低价值快件与单票报关的高价值快件分袋封装。一票多件单独报关的快件应集中堆放。按"重不压轻，大不压小，结实打底，方下圆上，规则形状放下，不规则形状放上"的原则将快件装袋。同一张封发清单的快件装载一个总包中，寄达地清关要求随附单据，与详情单一起放入特制的封套粘贴在快件上，详情单向上摆放快件。对有标志的快件要单独封袋，加挂相应特殊件包牌或标志。快件、清单、包牌相互核对后，在封发清单上盖章或签字。总包袋盛装不宜过满，装袋不宜超过整袋的 2/3，连同袋皮重量不宜超过 32 千克。

七、运单填写

快递运单是快递企业为寄件人准备的、由寄件人或代理人签发的运输单据。

快递运单是快递企业与寄件人之间的寄递合同，其内容对双方具有约束力。当寄件人以物品所有人或代理人的名义填写并签署快件运单后，即表示接受和遵守快递运单的背书条款，并受法律保护。

1. 运单正面内容构成

运单正面内容是对快件涉及信息的详细描述，主要包括寄件人信息，收件人信息，寄递物品性质、重量、资费、数量，寄件人签名，收件人签名，寄件日期，收件日期，付款方式，快递人员姓名或工号等内容。

每一份运单的正面都有一个条码（不同快递企业使用的条码规则不尽相同），条码与运单内容捆绑，便于快件运输途中的查询和操作。

如图3-5所示为某快递企业运单的正面样式。

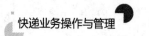

图3-5 某快递企业运单的正面样式

2. 运单背面内容构成

运单背面是运单的背书条款，是确定快递企业与寄件人之间权利、义务的主要内容。背书条款由快递企业和寄件人共同承认、遵守，具有法律效力，自签字之日起确认生效收寄快件时，快递人员有义务在收取快件时提醒寄件人阅读背书内容。注意快递人员不得替对方填写寄件人信息。

运单背书条款主要包括以下内容：查询方式与期限、赔偿的有关规定。

3. 运单填写规范和要求

不同快递企业的运单格式存在差异，但运单栏目的内容都基本相同。

运单填写的总体要求如下：

① 运单填写须使用规范的汉字，不得使用不规范的简化字，也不得使用自造字、异体字。

② 如果使用少数民族文字，应当加注汉字。

③ 用外文或汉语拼音填写的，应当加注汉字。

④ 填写应使用黑色或蓝色笔，或使用打印机、针式打印机填写。应确保各联所填写的内容一致，且从第一联到最后一联的字迹都能清晰辨认。禁止使用铅笔或红色笔填写。

⑤ 字迹要求工整。

⑥ 数字填写要求。书写的数字、字母必须工整清晰，尤其要注意数字与数字之间以及字母与字母之间的区别。为避免由于数字填写过大，超出各栏的方框而造成运单错误，要求填写运单上的件数、计费重量、资费、实际重量及其他数字栏时，数字必须在方框内，不得压线或超出方框范围。

⑦ 电话号码填写要求。注意固定电话号码的位数，例如国内座机号码目前为7位或8位，如不足7位或多于8位，则号码有误。国内的手机号码为11位，如果手机号码超过或不足11位，则可能号码有误。此时，应再次与寄件人确认号码的正确性。

具体填写规范如表3-1所示。

表3-1 运单内容填写规范

栏 目	分项信息	填写规范与要求
寄件人信息	寄件人公司名称	私人寄件可不填写公司名称，公司寄件必须填写寄件人公司名称
	寄件人姓名	必须填写全名，填写英文名或中文名可根据快件类型确定
	寄件人电话	必须填写寄件人电话，包括电话区号和电话号码（座机或者手机号码可由客户自行提供），便于快件异常时可以及时联系到寄件人
	寄件人所在地邮编	根据各快递企业的要求决定是否填写此项内容，如运单要求填写，必须请客户提供正确的邮政编码
	寄件人地址	详细填写寄件人地址，以便在快件退回时可以尽快找到寄件人
收件人信息	收件人公司名称	收件人是私人，可不填写收件人公司名称；收件人在公司签收快件，则必须填写收件人公司名称
	收件人姓名	必须填写全名，填写英文名或中文名可根据快件类型确定
	收件人电话	必须填写收件人电话，包括电话区号和电话号码（座机或者手机号码可由客户自行提供），便于快件异常时可以及时联系到收件人

续表

栏 目	分项信息	填写规范与要求
收件人信息	收件人所在地邮编	根据各快递企业的要求决定是否填写此项内容，如运单要求填写，须请客户提供正确的邮政编码
	收件人地址	必须详写收件人地址，按"××省××市××镇××村××工业区/管理区××栋（大厦）××楼××单元"或"××省××市××区××街道××号××大厦××楼××单元"详细填写
	寄递货物详情	详细填写寄递物品的实际名称，不允许有笼统字眼，如"样板（版、品）"、"电子零件等"等；品名内容后不可有"部分"字样，应写明具体数量；出口件的寄递品需根据物品性质、材料来详细申报，如衫、裤要注明使用材料为针织、棉、毛、皮、人造皮革、化纤等，玩具要注明材料为布、塑料或毛绒等，以保证快件发运过程中正常通过安全检查及通关顺利；快递人员不得替对方填写寄递物品信息
	数量、价值	快递人员与寄件人共同确认寄递物品的数量及价值后填写
	重量	根据快件性质和规格，快递人员与寄件人共同确认后填写快递实际称重重量和计算的体积重量
	资费	快递人员根据快件重量计算快件的资费，并与寄件人共同确认后填写
	付款方式	快递人员与寄件人共同确认后，寄件人在运单上勾选正确的付款方式
	日期、时间	如实填写寄件和收件的日期、时间，时间精确到分钟
	寄件人签名	寄件人在该栏签名，确认快件已经完好地交给快递人员；快递人员不得替寄件人签名
	收件人签名	收件人在收到快件并对快件外包装进行检查后，在运单收件人签名栏签名，确认快件已经签名；快递人员不得替收件人签名
	收件员签名	上门收取快件的快递人员在收取寄件人的快件后，在此处填写姓名或工号，表明此票快件由快递人员（即收件员）收取
	派件员签名	快递人员将快件派送到收件人处时，请客户检查快件包装是否完好并签字后，在运单上填写姓名或工号，表明此票快件由该快递人员（即派件员）派送
	备注	如有其他的特殊需求或者快件出现异常，可在"备注"栏上列明

工作任务二　快件验收与包装

一、快件验收工作内容

接收快件后的快件验收工作具体包括四项内容，如图 3-6 所示。

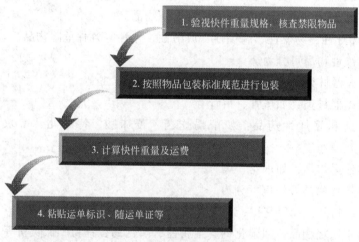

图 3-6　快件验收工作内容

二、常见的禁限物品

1. 禁止寄递物品的一般规定

禁止寄递物品一是为了确保人身安全及邮政设备和其他特快专递邮件的安全；二是为了保护国家政治、经济、社会及文化的发展，根据我国法律、法规而制定。具有下列性质的物品禁止寄递。

（1）国家法律法规禁止流通或者寄递的物品。例如：

① 军火、武器。

② 仿真手枪式电击器和仿真手枪式催泪器。

③ 射击运动手枪、猎枪（自制猎枪）、麻醉注射枪、气枪（包括金属弹丸气枪）、火药枪、催泪枪、国家明文规定不准流通的玩具手枪和具有杀伤力的各

种枪支。

④ 警具：包括手铐、脚镣、警棍、电警棍等。

⑤ 刀具：包括匕首，三棱刀，带有自动装置的强簧刀，机械加工用的三棱刮刀，少数民族使用的藏刀、腰刀、靴刀等（在民族自治区范围内互寄，不准邮寄至民族自治区以外的地方）。

⑥ 金银。

⑦ 虎骨和犀牛角。

⑧ 罂粟：包括这种植物的壳、花、苞、叶。

⑨ 麻醉药品：包括吗啡、鸦片、海洛因、盐酸罂粟碱、盐酸可卡因、杜冷丁、盐酸可待因、冰毒、安眠酮和摇头丸等。

(2) 反动报刊、书籍、宣传品或者淫秽物品。

(3) 爆炸性、易燃性、腐蚀性、放射性、毒性等各种危险物品。

① 爆炸性物品可分为

a. 点火器材类：如导火索、导火绳、引火线等。

b. 起爆器材类：如爆管、雷管等。

c. 炸药和爆炸性药品：如茶褐炸药、苦味酸、特屈儿、雷汞、硝酸甘油等。

d. 其他爆炸品：如烟花、爆竹。

② 易燃性物品按惯例可分为

a. 自燃物品：如甲基铝、黄磷、油纸和油布等。

b. 遇水燃烧物品：如碳化钙、金属锂、磷化钙、锌粉、保险粉等。

c. 易燃液体物品：如酒精、甲醇、甲苯、汽油、乳香油、松节油、碘酒等。

d. 易燃固体物品：如红磷、H 发泡剂、生松香、硫黄、樟脑等。

③ 腐蚀性物品按其化学成分可分为

a. 酸性腐蚀品：如硫酸。

b. 碱性腐蚀品：如烧碱等。

c. 其他腐蚀品：如漂白粉。

④ 放射性物品：如夜光粉（但对涂有夜光粉的钟、表、仪器等不属禁寄物品）。

⑤ 毒性物品按毒性大小可分为

a. 剧毒物品：如砒霜、氰化钠、农业上的杀虫剂等。

b. 有毒物品：如水银、生漆、DDT 等。

(4) 妨害公共卫生的物品（如：尸骨、骨灰、动物器官、肢体或骨骼、未经硝制的兽皮等）。

（5）容易腐烂的物品。

（6）各种活的动物（包装能确保寄递和工作人员安全的蜜蜂、蚕、水蛭除外）。

（7）各种货币。

（8）不适合邮寄条件的物品。

（9）包装不妥，可能危害人身安全、污染或者损毁其他特快专递邮件、设备的物品。

2. 对寄递化工类产品的规定

（1）对液体类化工产品原则上不予收寄。

（2）其他类化工产品其包装的材质、形式、规格、方法和单件质量（重量），应当与所包装的化学品的性质和用途相适应，且符合运输、装卸条件，并接受检查。

（3）遇有对物品性质不能识别的，应请寄件人提供市（地）级以上化工检验部门出具的确非危险物品或妨碍公共卫生物品的鉴定证明及按该产品所属属性由相关的公安、防疫、消防部门出具的在正常作业条件下，确保安全生产的鉴定证明后，方准予收寄。

（4）化工类产品不上门揽收，对异地交寄的不得收寄。

3. 对寄递卫生或动植物检疫快件的规定

寄卫生检疫或动植物检疫的快件，由检疫部门出具证明，未经检疫部门许可，不予收寄。

4. 国际快件禁寄的特殊规定

（1）凡书本上印有"内部发行"、"内部交流"、"内部刊物"或"限国内发行"字样的书刊，均禁止邮寄出口，但内部教科书和书本上印有"内部发行"字样的教科书，如特殊需要，经特别批准或证明的，可准予邮寄。

（2）发给个人不再收回的证件，如毕业证书、结婚证、出生证等可以出口，但户口簿以及盖有我国单位公章的其他证明材料、文件等不准出口。如寄件人因涉及对外关系需要，到当地人民法院或公证处统一办理对外公证证明的，可准予邮寄。

（3）凡外国人、华侨、港澳台胞邮寄出口文物时，必须持有文物商店或古旧书店所盖的火漆标志和盖有"外汇购买"章戳的文物销售发票，或文物管理部门开具的文物出口证明，才准予邮寄。

（4）各种涉及政治、经济、外交和军事内容的论文、稿件，须由学校保安部门证明，再由当地保密局鉴定后，加封特制的"GB"套交海关验核方可出境。

(5) 我国 1971 年以前出版的地图，涉及边界问题不能邮寄国外；某些不准出境的邮票，也不能邮寄国外。

(6) 邮寄的植物产品或衣着等物，如寄达国要求附有植物检疫证件或消毒证明书的，应将相关证件随附在特快专递邮件上寄发。

(7) 交寄国际特快专递邮件禁止使用报纸包封或作衬垫。如需使用纸张包封或作衬垫时，应一律使用无字纸张。

5. 对违反规定邮寄禁止寄递物品的处理

收寄后发现禁寄物品的处理如下。

(1) 各种危险物品：分公司发现的，不予收寄；经中转站发现的应停止转发；派件员发现的，不予投递。对危险品要另放一处，加以隔离。寄递危险物品情节严重的，应与公安部门联系处理；不属于这种情况的，对其中容易发生灾害的危险物品，应就地销毁；需消除污染的，应报请卫生防疫等部门处理，其所需费用由寄件人承担。对其他危险物品，可通知寄件人限期领回。有关处理情况，应当备文报告部门主管，并抄送收寄单位的主管。至于快件内所装其他非危险物品，应当整理重封，通知收件人自行领取或退回。

(2) 金银：发现后通知当地中国人民银行处理。如属国际快递，则应移交海关处理。如当地未设海关的，应退回收寄单位通知寄件人领回。

(3) 妨害公共卫生的物品、容易腐烂的物品和不适于寄递的怕震易损物品，应视情况通知寄件人限期领回，或者就地销毁、抛弃。

(4) 武器、警具及反动书刊、书籍、宣传品和淫秽物品、毒品等，通知公安部门处理。

(5) 活的动物：暂予扣留，通知寄件人限期领回，或者根据具体情况做其他适当处理，处理费用由寄件人负担。

(6) 货币：应通知寄件人限期领回或退还。

(7) 包装不妥，可能危害人身安全、污染或损毁其他快件、设备的物品：在收寄单位发现的，通知寄件人限期领回。在寄递过程中发现的，应根据具体情况进行妥善处理。

进口件发现禁寄物品的处理如下。

(1) 对进口破损的落地国内快件，发现内夹寄现金时，应通知收件人自取。

(2) 进口国际快件中夹寄易燃物品或其他危险品，如开袋时发现，应立即送交海关查验处理。经查验，除认为必须马上销毁，以免发生灾害，应立即就地销毁外，其余的应进行隔离，专门存放在安全地方，并通知收件人限期自取。收件人逾期不领的，即视为自动放弃，可以按照无着快件处理。

6. 限制寄递物品的规定

为适应国家控制某些物品流通的需要，对个人寄递的物品限定在一定数量范围内，这就是限寄。限寄规定是本着既照顾和方便用户的合法需要和正常往来，又限制投机倒把和走私违法行为而制定的。我国海关根据上述精神，并结合国内物资供销条件，对个人邮寄出口物品，制定了"自用"和"合理数量"的限制原则。所谓"自用"是指用户寄递出口的物品，以亲友之间相互馈赠为目的，而不是以牟利为目的；所谓"合理数量"是指在正常使用的条件上，基本上能满足用户自用所需的数量。

我国限寄出境的物品如下。

(1) 金银等贵重金属及其制品。

(2) 国家货币。

(3) 外币及其有价证券。

(4) 无线电收发信机、通信保密机。

(5) 贵重中药材及其成药（麝香不准邮寄出境）。

(6) 一般文物等［一般文物指公元1795年（乾隆五十九年）后的，可以在文物商店出售的文物］。

(7) 海关限制出境的其他物品。

我国限制进境的物品如下。

(1) 无线电收发信机、通信保密机。

(2) 烟、酒。

(3) 濒危的和珍贵的动物、植物（含标本）及其种子和繁殖材料。

(4) 国家货币。

(5) 海关限制进境的其他物品。

我国海关对限制寄递物品的限量与限值规定如下。

根据海关的有关规定，在国内范围互相邮寄的物品：卷烟、雪茄烟每件以两条（400支）为限（二者合寄时亦限400支）。邮寄烟丝、烟叶每次均各以5千克为限，两种合寄时不得超过10千克；每人每次限寄一件，不准一次多件或多次交寄。对于寄往国外的物品，还应遵守海关限值的有关规定：寄往国外的个人物品，每次价值以不超过人民币1000元为限，免税额为人民币500元，超出的，仅征超出部分。中药材、中成药以人民币200元为限；寄往香港、澳门的个人物品，每次限值为人民币800元，免税额为400元。中药材、中成药以人民币100元为限。中成药是指注册商标上标有"省（市）卫准字"的中成药，商标上标有"省（市）卫健字"的保健中成药不属本限制范围。

外国人、华侨和港澳台胞邮寄出口的物品，如果是外汇购买的，只要不超过合理数量，原则上不受出口限制。

限制寄递物品在寄达国（或地区）有限量、限值的规定的，应按寄达国（或地区）的规定办理。

7. 寄递物品许可证

(1) 出口许可证

寄往国外的物品类快递件，其内件的性质和数量是否需要许可证，由海关根据国家法令规定办理。这种出口许可证，应由寄件人向北京、天津、上海、广州等地的对外经济贸易管理机构领取，以便海关凭证放行。

(2) 进口许可证

进口许可证是寄达国海关对进口快递件凭以放行的证件。此证件可向寄达国进出口贸易管理机关或该国驻我国的商务代表机关领取。一般情况下，寄达国的海关对寄递进口物品，其种类和数量不超过规定的，不要进口许可证。只有超过规定范围的，或对某些特殊物品的快递件，需有进口许可证方能进口。

知识链接　收寄验视相关法规

◆《中华人民共和国邮政法》

第二十五条　邮政企业应当依法建立并执行邮件收寄验视制度。

对用户交寄的信件，必要时邮政企业可以要求用户开拆进行验视，但不得检查信件内容。用户拒绝开拆的，邮政企业不予收寄。

对信件以外的邮件，邮政企业收寄时应当当场验视内件。用户拒绝验视的，邮政企业不予收寄。

第七十五条　邮政企业、快递企业不建立或者不执行收件验视制度，或者违反法律、行政法规以及国务院和国务院有关部门关于禁止寄递或者限制寄递物品的规定收寄邮件、快件的，对邮政企业直接负责的主管人员和其他直接责任人员给予处分；对快递企业，邮政管理部门可以责令停业整顿直至吊销其快递业务经营许可证。

◆ 国家邮政局发布《快递服务》邮政行业标准

询问与验视，快递服务人员应询问和验视内件的性质和种类：

——若是法律、法规规定禁寄物品，应拒收并向寄件人说明原因；

——若是限寄物品，应告知寄件人处理方法及附加费用；

——建议寄件人，贵重物品宜购买保价或保险服务。

寄件人应将交递快件的性质和种类告知快递服务人员。

来源：《中华人民共和国邮政法》和《快递服务》邮政行业标准。

三、确认快件重量规格

1. 寄递物品重量限制

因目前快递行业的自动化水平较低,大部分快件的收取、处理、派送作业还是靠人工来完成,为兼顾快递"快"的特性及出于保护劳动者健康安全的目的,快件在重量上不宜超出单人搬运能力范围。因此,《快递服务》邮政行业标准对快件重量和包装规格的限定为:国内单件快递重量一般不宜超出50千克,包装规格任何一边的长度不宜超过150厘米,长、宽、高三边长度之和不宜超过300厘米。同时,快件的重量限制还因运输方式、运输工具的不同而有所不同。

(1) 铁路运输

单件快件实际重量一般不超过50千克(国际联运不超过65千克)。如果单件快件重量超过50千克,可按超重快件办理。

(2) 航空运输

非宽体飞机载运的快件,单件快件重量一般不超过80千克;宽体飞机载运的快件,单件快件重量一般不超过250千克。

(3) 公路运输

一般有2吨货车、3吨货车、5吨货车等。

2. 寄递物品规格的限制

根据快递行业相关规定,任何一边长度不宜超过150厘米,长、宽、高之和不宜超过300厘米。不同的运输工具对快件规格的要求存在差异。快递人员一般按最严格的要求来做。

(1) 航空快件规格

快递人员应该根据各航空公司的要求,航班机型,始发站、中转站及目的站机场的设备条件和装卸能力来确定快件的尺寸和重量。

① 航空快件的最大规格要求如下。

a. 非宽体飞机载运的快件,单件快件体积一般不宜超过40厘米×60厘米×100厘米。

b. 宽体飞机载运的快件单件快件体积一般不宜超过100厘米×100厘米×140厘米。

② 航空快件的最小规格要求如下。

每件快件的长、宽、高之和不得小于40厘米。若低于以上标准,快递企业需要对快件进行加大处理。

(2) 铁路快件规格

快递人员还应根据快件的目的地判断所收取的快件是否会经过铁路托运。如果需要经过铁路托运，就需要将快件包装成合适的体积，以适于装入旅客列车行李车为限。

根据《铁路货物运输规程》规定：按零担托运的货物，单件体积最小不得小于 0.02 米^3（单件重量在 10 千克以上的货物除外）。此外，铁路快件的最大尺寸的确定还需考虑铁路货车车厢和车门的尺寸大小。

(3) 公路快件规格

公路快件规格的确定需要考虑各运输环节所使用货车的尺寸大小。

四、快件包装

1. 常见快件包装形式

(1) 快递封套

以纸板为主要原料，经模切、印刷和黏合等加工后，制成提供给用户使用的可装载快件的信封式封装用品，如图 3-7 所示。

(2) 快递包装箱

以瓦楞纸板为主要原料，经模切、压痕、印刷和钉合等加工后，制成提供给用户使用的可装载快件的箱式封装用品，如图 3-8 所示。

图 3-7　快递封套

图 3-8　快件包装箱

（3）快递包装袋

可装载快件的袋式封装用品。根据生产原料的不同，可分为塑料薄膜包装袋、气垫膜包装袋和塑料编织布包装袋，如图 3-9 所示。

2. 快件打包流程

（1）网点打包流程

① 网点发往集散、分拨中心的件，打包按省内件、陆运件、空运件打成三个大类的包，便于集散、分拨中心及时区别分拣。同时也须区分文件和物品，把文件和物品区分开来装包。若有问题件退回的，把各类问题件单独装一个包，并在外包装上注明"问题件"。

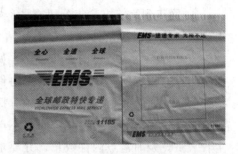

图 3-9　快件包装袋

② 网点发往集散、分拨中心的件，打包时，要仔细检查打包袋是否使用过，内外是否写过字，如果写过字，该打包袋就不允许用来装件发往集散、分拨中心。目的是避免误导集散分拨中心人员，导致快件错分错发。

③ 做好打包前的准备工作：在打包袋上贴货签，并写上目的地集散、分拨中心名称、日期及快件的属性（文件包、货物包、省内件或陆运件、空运件）。

④ 打包人员先看清楚每一格口所归集快件的目的地，检查所归集的快件是不是流向该目的地，在确认无误后，再开始打包工作。

⑤ 打开无线巴枪窗口，输入下一站集散、分拨中心代码，然后区分文件和物品，先扫描货签，然后再扫描每票快件作发件扫描。文件作发件扫描完毕后，将文件整齐码放在一起，每 10 票为一个单位，高度不高于 25 厘米，然后用胶带以"井"字形在塑料袋上缠 2 圈，放入文件包里。货物作发件扫描完毕后，把外形规则的货物装在一个包内，装包时遵循"大不压小、重不压轻"的原则，不规则的货物另外装包。把重量及体积相近的快件装入一个包内，例如：1～2 千克的快件装在一个包内，2～3 千克以上的快件装在一个包内。不可以将快件并成一个包，过分挤压快件。省内包：体积不超过整包 3/4。空运包：体积不超过整包 2/3 且不超过 25 千克。陆运包：体积不超过整包 2/3 且不超过 40 千克。

⑥ 所有快件装包完毕后，用施封锁将袋口封起来。打包后的包内快件距离袋口上限为 25 厘米，并在快件和袋口 12 厘米处进行 90°折回，对袋口统一使用施封锁封。再一次检查每个包有没有写明包内快件属性及下一集散、分拨中心名称、日期等（如果是通过第三方物流发货到集散、分拨中心交件的，还须写

上提货人姓名、电话；如果是通过铁路发货到集散、分拨中心交件的，除写上提货人姓名、电话外，还须传真包裹票给提货人）。

(2) 网点拆包流程

① 网点到第三方物流公司或是车站等地提货时，核对数量和查看外包装有无破损，比较到达快件数量与上一站告知的数量是否一致。如果数量无异议、外包装完好无损，就可以提回公司。如果数量有异议，及时通知上一集散、分拨中心。有破损的，现场及时清点内件，并要求第三方物流公司或车站开具破损证明，同时及时通知上一集散、分拨中心。网点直接到集散、分拨中心交件的，在装货之前如发现包装袋封口不严或包装袋有破损，直接通知集散、分拨主管人员，及时清点内件数量，并要求主管人员签字，并明确责任。然后再将派件装车，拉回网点。

② 网点提货回到公司后，卸车时轻拿轻放，不允许"扔、抛、摔、踢"或将包件、大单件在地上拖、拉等野蛮操作行为。卸车后将快件放置到操作台上，不允许快件落地。

③ 网点拆包时，用剪刀小心地剪断施封扣，绝不允许用刀片在打包袋中央划，否则划破内件。拆文件包时，小心地用剪刀剪断胶带，绝不允许用刀片去划胶带，否则割破信封，伤及内件。

④ 网点操作人员打开巴枪操作窗口，输入上一集散、分拨中心代码，扫描外包装上的货签后，再逐票地扫描快件（到件入库）。发现有错分错发的快件，及时在 OA 系统内给上一集散、分拨中心指定留言。

3. 快件包装操作规范

各类快件物品的包装材料及操作规范如下。

(1) 文件、票证等纸张

物品厚度不超过 1 厘米的，使用快递封套进行包装。物品厚度超过 1 厘米且不易破碎的抗压类书刊、样品等，可用包装袋进行包装。

(2) 衣物等柔软耐压品

耐压、柔软衣物使用塑料包装袋。若此类物品数量较多，可选择箱包装。为避免发生进水受潮情况，应先包装塑料袋，再封入纸箱内。

(3) 设计图纸、书画等物品

幅面大且不能折叠的书画、设计图等，应将其卷起后放入三角筒内封装。

(4) 带框类怕压、易损物品

① 用泡沫板将凹陷及凸起处填平，然后用泡沫薄膜整体包裹。

② 包裹后使用硬纸板进行整体外部捆包，并在平面部位用整块胶合板加强

防护。

③ 用泡沫砖或厚纸板折叠后将各个尖角部位包裹起来。

④ 独立包装完成后装入纸箱或木箱内，并粘贴易碎标志。

(5) 易损品、机电产品

① 将不规则零部件卸下，用泡沫包装材料进行捆包。

② 对于无法拆卸的不规则物品，将各部位进行充分包装后装入能够完全容纳该物品的纸箱。

③ 用泡沫填充物填满后，再用木箱进行外包装。

④ 在外包装箱各侧面醒目处粘贴易碎标志。

(6) 长形、易碎物品

① 用泡沫薄膜包裹后放入三角筒，然后用填充材料将间隙填满。

② 在三角筒各侧面醒目处粘贴易碎标。

(7) 硬性货物

① 外加麻布、纸箱、布条或绳索进行包装。

② 采用"井"字形打包法，所用绳索强度应确保能够承受货物的全部重量。

(8) 贵重物品

① 选择坚硬、不易被破坏的包装（如木箱、铁皮箱、合成塑料箱）。

② 加装"井"字形铁腰。

(9) 多类物品

根据不同物品的特定性质先进行小包装，然后将这些小件物品集中填装到大包装箱中。大包装箱中应无空隙且物品码放合理。

4. 快件防潮包装操作

快件防潮包装工作的步骤及规范如下。

① 包装前检查物品是否干燥清洁。

② 检查物品是否存在尖凸部位，根据具体情况对其采取防护措施。

③ 选择防潮干燥剂，可用硅胶或蒙脱石。

④ 将干燥剂与物品用塑料套封好后放入包装箱内。

⑤ 用填充物填满箱内空隙。

⑥ 使用防水胶带封住包装箱所有缝隙。

5. 快件包装的注意事项

在对快件进行包装时，应注意以下事项：

① 禁止使用一切报刊类物品作为快件的外包装，如报纸、海报、书刊、杂志等。

② 对于价值较高的快件采用包装箱进行包装，包装时应使用缓冲材料。

③ 对于一票多件的快件，如果是国际快件，必须按照一票多件操作规范进行操作。

如果是国内互寄快件，单票重量不超过1千克，且每件快件外包装形状相同、体积最大的快件一侧面积小于运单的，可以多件捆扎寄递，但同时必须在连体快件上批注运单号码，并将连体快件捆扎牢固。

④ 对于重复利用的旧包装材料，均必须清除原有运单及其他特殊的快件标记后方可使用，以避免因旧包装内容而影响快件的流转。

6. 包装搬运图示标志

包装搬运图示标志如图 3-10 所示。

图 3-10　包装搬运图示标志

五、快件度量计价

1. 度量衡工具

快递人员收取快件时，需要通过称重或测量体积来计算资费，所以快件度量工具是快递人员必备的工具。快件度量的工具主要有便携式电子手提秤、电子计重秤和卷尺，如图 3-11 所示。

(1) 便携式电子手提秤

使用电子手提秤的注意事项：

① 每次开机自检时，电子秤应处于垂直方向。

② 手提着吊环或在吊环上另加辅助工具称量，勿手握外壳称量，否则将导致称量显示值误差超标。

③ 在使用时应尽量避免猛烈碰撞和冲击。

④ 手提电子秤外壳采用 ABS 工程塑料，清洁时使用软布加清水或洗洁精擦拭，严禁使用苯、硝基类溶剂、烧碱液体等腐蚀性物质进行清洗。

图 3-11　常见的便携式电子手提秤、电子计重秤和卷尺

⑤若显示电量不足"Lo",请及时更换电池。如果电子秤长期不使用,应取出电池,以免因电池漏液而损坏电路。

⑥不超负荷使用、雷雨天气关机。

(2) 电子计重秤

①使用前的准备工作。请将电子秤置于稳固平坦的桌面或地面使用,勿置于震动不稳的桌面或台架上,避免置放于温度变化过大或空气流动剧烈的场所。使用独立电源插座以免其他电器干扰,调整电子秤的调整脚,使秤平稳且水平仪内气泡居圆圈中央。当电源开启时,请勿将物品置放在秤盘上,使用前先热机 15 分钟以上(高精度秤必须更长时间)。

②使用注意事项。严禁雨淋或用水冲洗,若不慎沾水则用干布擦拭干净,当机器功能不正常时要尽早送修,严禁敲打撞击及重压,勿置放在高温及潮湿环境场所(专用防水防腐秤除外),勿让蟑螂或小生物侵入机内,以免造成损坏。电子秤若长期不用时须将机器擦拭干净,放入干燥剂用塑料袋包好,使用干电池应取出,使用充电蓄电池时,应每隔三个月充电一次,以确保使用寿命。

电子秤使用温度一般在 18~29℃ 之间,温度过高或过低会影响称量的准确性。不可在不平整的台面上使用电子秤。电子秤在不平整的台面上操作会导致称重不准。电子秤出厂前是在水平台面上通过校机的,而客户在不平整或不水平的台面上使用时,就会出现称重不准。最好的解决方式是在相对平整或水平的台面上使用,并在此位置上重新校机,这样就可以避免因台面不平整而导致称重不准问题。

为保持磅秤的准确性,应至少一年校正一次。校正方式可委托信誉良好的磅秤店、实验室或政府检定单位实施;若内部使用,亦可购置一套适合本身且检验合格的标准砝码做定期校正。

电子秤使用时须远离磁场。不要在靠近电子设备，如电脑、电视、收音机或者手机等附近使用电子秤。来自这些设备的辐射会影响电子秤的精准度。任何电子秤都会不同程度受到辐射影响。电子秤可以接收来自3米以外的干扰信号。因此，应避免在电子秤操作台2米范围内拨打手机或其他无绳电话。

超载会导致电子秤称量严重出错。电子秤设计称重不允许超过其最大量程。超载可能会使弹性体产生永久变形，对电子秤造成致命损伤。同时，电子秤也不能放在诸如后裤袋等容易受到挤压的地方，否则，可能会由于挤压而导致弹性元件损坏，从而使电子秤报废。操作不当是导致电子秤出现严重错误的重要原因。跌落或其他不当处置，可能会给电子秤带来致命问题。如旅行时将电子秤放置在空箱中，使之承受颠簸震动等，这类情形都必须予以避免。电子秤属于精密仪器，不同于计算器或手机类日用物品，其内部灵敏的感应元器件极易因处置不当而损坏。

(3) 卷尺

① 卷尺的读数办法。

a. 直接读数法。测量时钢卷尺零刻度对准测量起始点，施以适当拉力，直接读取测量终止点所对应的尺上刻度。

b. 间接读数法。在一些无法直接使用钢卷尺的部位，可以用钢尺或直角尺，使零刻度对准测量点，尺身与测量方向一致；用钢卷尺量取到钢尺或直角尺上某一整刻度的距离，余长用读数法量出。

② 卷尺的使用注意事项。

a. 起点正确；

b. 尺拉直；

c. 不规则或弧形取边直线。

2. 快件运费的计算和收取

(1) 快件运费的计算原则

① 以重量为基础，实施"取大"的方法；

② 以时效为依据，体现"快速高价"的方法；

③ 首重加续重的方法，以1千克作为计费的基价和递增的标准。

(2) 快件的计费方法

① 常规件：只对重量进行计量；快递企业快件重量取数的通行做法是舍位取整，最小计量单位为1。比如：7.1厘米和7.8厘米都按8.0厘米来算；8.1千克和8.9千克都按9.0千克来算。称重计费主要有以下两种方法。

方法一：首重续重原则计算

　　　　资费＝首重价格＋续重×续重价格
　　　　续重＝计费标准－首重
　　方法二：单价价格计算
　　　　资费＝单位价格×计费重量
　② 轻泡件：比较体积重量和实际重量，体积重量大于实际重量的一般称为轻泡件。对于轻泡件，要取体积重量作为计费重量。
　　实际重量计费
　　　　快件运费＝基价＋续重价格×（快件实际重量/千克－1）
　　体积重量计费（泡重）
　　国际航空运输协会规定的轻泡件重量计算公式：
长（厘米）×宽（厘米）×高（厘米）/6000（千克/厘米^3）＝体积重量（千克）
　　陆路运输的轻泡件重量计算公式：
长（厘米）×宽（厘米）×高（厘米）/12000（千克/厘米^3）＝体积重量（千克）
　③ 不规则物品的体积测量：取物品的最长、最宽、最高边量取。

3. 快件运费的收取

(1) 现结

现金客户在与客人确认金额后，并在运单上标明现结金额。

(2) 月结

与公司签订月结付款合同的长期客户，派送员在收取快件时，应核对月结账号，无误后直接收取，不需当时付款。

(3) 到付业务

货物的运费为收件方支付，应使用到付专用单。

工作任务三　收件后续处理

一、快件信息录入

快递人员收取快件后，应将快件的运单号码、寄件人和收件人信息、寄递物件信息、资费、重量、目的地、寄件日期及时间、收件快递人员的姓名或工号等信息录入快递企业的信息系统。

快递人员在快件信息录入完毕后，应立刻将其上传至快递企业的网络信息系统，并与之对接，使得寄件人、收件人可凭运单号码查询快件的状态。综合来看，快件信息录入主要有以下3个目的。

① 便于客户查询。

② 便于快件配载计划的制订。

③ 便于快递企业各网点进行财务收款。

快件信息录入内容及要求如图3-12所示。

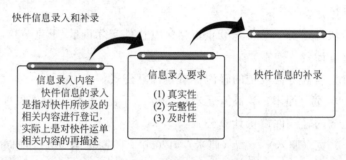

图3-12　快件信息录入内容及要求

二、交接快件

交接快件是指快件经验收后，在运回营业网点（或中转站）时，快递人员与营业网点（或中转站）处理人员共同对快件和运单进行复核，以确保快件和运单完好、相符的作业。

1. 复核快件

交接快件前应进行复核，具体复核的内容如下：

① 检查快件外包装是否牢固，如有异常应与中转站处理人员一起在监视器监控下拆开包装，重新加固封装。

② 检查快件上的运单粘贴是否牢固，若运单发生缺损，则应重新填写一份运单代替原运单，并及时通知客户新运单号。

③ 核对运单数量与快件数量是否相符，若不符，必须及时找出数量不符的原因并跟进处理。

④ 检查运单是否填写完整、正确。

2. 登记运单

(1) 手工登单

手工登单的工作步骤如下：

快递业务人员按照清单填写内容要求，将快件信息抄写在清单的相应位置上，全部抄写完毕后，将清单中的一联交给中转站处理人员，另一联自留保存。

手工登单的具体要求如下：

① 字迹工整，便于识别、判定信息的准确性。

② 完整性，必须根据清单填写要求，将运单上的相应内容完整地登记在清单上。

③ 真实性，按照要求如实填写收寄快件的信息。

(2) 电脑系统登单

电脑系统登单的工作步骤如下：

① 中转站处理人员（仓管员）对快递业务人员交回的快件和运单进行扫描。

② 将数据上传到公司数据库。

③ 整理收件人员的收件信息并打印清单。

④ 清单一式两份，由快递业务人员签字确认。

三、营业款交接

营业款交接主要是指业务员与快递企业指定收款员之间的交接，即业务员把当天或当班次收取的营业款，移交给快递企业指定的收款员。营业款交接的工作要求如下：

① 快递业务人员必须将营业款移交指定收款人员。

② 所有营业款需当日结清，不得将款项留在快递业务人员处过夜。

③ 应于公司规定的结算时间之前交接完毕，移交工作不得延误。

营业款交接步骤如下：

① 交款准备。快递人员准备并整理当天的快件收寄清单和营业款。

② 出具交款清单。收款员根据系统信息向业务人员出具当天的交款清单，以此作为收款依据。

③ 核对交款清单。业务员根据当天的收寄清单核对收款清单，如有差异，应立即与收款人员确认。

④ 交款签字。核对无误后，业务人员按照交款清单的营业总额移交现金或支票。

四、快件更址与撤回

1. 快件查询

快件查询是快递企业向寄件人反馈快件传递状态的一种服务方式。

① 查询渠道：网站、电话、网点三种查询方式。

② 查询内容：快件的当前所处的服务环节、所在的位置。

③ 查询答复时限：客户电话查询时，快递企业应在 30 分钟内告知客户。

④ 查询信息有效期为快递企业收寄快件之日起一年内。

2. 快件更址

快件更址：快递企业根据寄件人的申请，将已经交寄快件的收件人地址按照寄件人的要求进行更改。

(1) 快件更址的条件

① 同城和国内异地快递服务：快件尚未派送到收方客户处时可申请快件更址。

② 国际及港澳台快递服务：尚未出口验关前可以申请更址。

(2) 快件更址申请

快件更址申请单如图 3-13 所示。

```
                    快件更址申请单

    关于____年____月____日经"××速运"寄往_____单号为_____的快件，
我司请求更改寄送地址。
将原送达地_____，
变更为_____。
并且接受你公司关于改寄运费的相关规定，请安排。
                                            盖章/签名：
                                            联系电话：
                                            ____年____月____日
```

图 3-13　快件更址申请单样本

3. 快件撤回

快件撤回是指快递企业根据寄件人的申请，将已交寄的快件退还寄件人的一种特殊服务。

(1) 快件撤回的条件

① 同城和国内异地快递服务：快件尚未首次派送，或已首次派送但尚未派送成功，可撤回，但应收取相应的撤回费用。

② 国际及港澳台快递服务：快件尚未出口验关可申请撤回。

(2) 快件撤回申请

客户提出快件撤回的要求后，快递人员应指导客户填写快件撤回申请，并将其送交客服人员处做撤回处理。快件撤回申请单如图 3-14 所示。

```
               快件撤回申请单
  关于___年___月___日经"××速运"寄往_____单号为_____的快件，
  我司请求撤回，愿付退回运费_____元，请安排。

                                    盖章/签名：
                                    联系电话：
                                    ___年___月___日
```

图 3-14　快件撤回申请单样本

五、紧急事故处理

1. 遭遇盗抢处理的办法

① 保证个人生命安全。
② 记清作案人员的体貌特征。
③ 向最近的派出所报案，告知所有具体情况。
④ 联系上级主管，告知事件情况。
⑤ 将当班警员姓名、邮编，派出所地址、电话等信息向公司汇报。

2. 遭遇不可抗力的处理办法

在快件收取往返途中，若遭遇地震、洪水、龙卷风、火山爆发等自然灾害时，快递人员应采取的应急措施如图 3-15 所示。

图 3-15　遭遇不可抗力的应急处理办法

情景小结

本章主要介绍了快件收寄和快件验收、收件后续处理等内容。要求掌握上门揽收、网点收寄和大客户收寄三种收寄方式的操作流程及服务标准,并能正确地指导客户填写运单,能对快件进行查验并正确地选择包装材料和包装方法对不同的快件进行包装,能正确地进行快件度量计价;能做好快件信息录入、快件交接和营业款交接等收件后续处理工作,能正确处理快件更址与撤回,以及紧急事故等收件过程中应注意的问题。

实训项目

1. 训练目标

通过收件与快件接收的业务模拟操作,进一步掌握快件接收与收寄的内容及基本工作流程,并掌握收件和收件后续处理的基本步骤与基本要领。

2. 训练内容

按照收件与快件接收的流程进行模拟操作,注意操作的规范和相关注意事项。

3. 实训步骤

① 收件前准备工作。

② 根据收件通知选择路线。

③ 调度信息的确认。

④ 具体收件流程的操作。

⑤ 快件处理。

4. 检查评估

能力		自评 (10%)	小组互评 (30%)	教师评价 (60%)	合计
专业能力 (60分)	1. 快件服务规范与礼仪(10分)				
	2. 收件和快件接收业务流程操作的准确性(30分)				
	3. 快件处理业务流程操作的准确性(20分)				

续表

能　　力		自评 (10%)	小组互评 (30%)	教师评价 (60%)	合　　计
方法能力 (40分)	1. 信息处理能力（10分）				
	2. 表达能力（10分）				
	3. 创新能力（10分）				
	4. 团队协作能力（10分）				
综合评分					

思考与练习

1. 快件收寄的方式有哪几种？国际快件收寄应注意哪些问题？
2. 快件收验的工作内容有哪些？禁限物品指的是哪些物品？
3. 收件后快递公司网点人员需做好哪些相关的后续工作？
4. 一票从上海寄往广州的快件（航空运输），使用纸箱包装，纸箱的长、宽、高分别为60厘米、40厘米和30厘米，快件实重5千克，其计费重量是多少？
5. 快递公司某一快件的重量为12千克，问发往山东的运费是多少？

运费计算		
目的地	首重（1千克）	续重
山东	10元	8元

学习情景四
快件处理作业

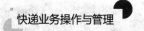
快递业务操作与管理

工作任务一　快件验收

快件处理在快递服务全过程中主要具有集散、控制和协同作用。快件处理，包括快件分拣、封发两个主要环节，是快递流程中贯通上下环节的枢纽，在整个快件传递过程中发挥着十分重要的作用。快件的分拣、封发是将快件由分散到集中、再由集中到分散的处理过程，它不仅包括组织快件的集中和分散，还涉及控制快件质量、设计快件传递频次、明确快件运输线路和经转关系等工作内容。快件处理作业流程主要包括总包到站接收、卸载总包、拆解总包、快件分拣、制作清单、总包封装、装载车辆、车辆施封等任务环节组成，快件接收是快件处理的重要环节之一。

一、快件的点部初分和运输操作

1. 点部快件的初分

快件在由收派员收取交回点部后，经过短暂的集结通过运输车辆将货物运达区域一级中转场或二级中转场进行分拣作业。在起运前需进一步对快件进行确认检查操作有无"快件处理更改单"，并进行扫描操作。一般点部可以根据快件的递送方式（陆路件或航空件）或快件的流向（省内件、省外件或同城件）等方式进行快件的初分工作，将快件分别转入不同的总包（总包：盛固在一个或数个容器内，在不同地区间交换的同一次封发、同一种类的快件集合）并进行封扎，同时对封扎标志上的条码进行扫描。

2. 点部到区域中转场的运输

点部按不同方式将快件分好并装入总包后，将总包装车同时对车门进行固封，运输到区域中转中心。从点部到中转场的运输可以分为直送式或集送式两种，如图4-1和图4-2所示，当网点快件量较大时可以安排直送式，当网点快件

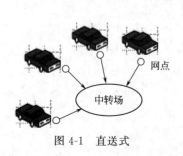

图4-1　直送式

图4-2　集送式

量不大的时候可以安排集送式运输方式。

二、中转场快件验收工作

1. 快件交接步骤

快件运输车辆进入中转站分拣场地后，快递企业应当根据车辆到达的先后顺序、快件参加中转的紧急程度，安排到达车辆的卸载次序；卸载完成后，应检查车厢各角落，确保无快件遗漏在车厢内。快件处理人员应严格依照下列所示的步骤、要点来办理交接验收手续。

① 引导车辆停靠：要停靠在指定交接场所，引导车辆时，人不可站在车的正后方；

② 核对车辆牌号：检查交方车辆是否符合业务要求；

③ 查看人员身份：检查押运人员证件是否齐全，身份是否符合业务要求；

④ 检查交接单：检查交接单内容是否填写完整正确，有无缺漏，章戳签名是否规范；

⑤ 检查封志、卫星定位系统记录：检查封志有无拆动痕迹，卫星定位信息有无非正常停车开门的记录；

⑥ 核对快件总包数量与交接信息：如数量与交接信息不符需当面查清或在交接单上批注；

⑦ 检查总包包装：对破损油污、不合标注的总包，双方应当面处理、如实记录；

⑧ 快件交接结束：必须在交接单上注明接收时间，并签名盖章。

2. 交接单操作规范

在快件交接工作中，交接单是交接双方交接工作的书面证明和责任转让，因此企业应制定交接单操作规范，指导和约束双方工作，具体如表 4-1 ××快递企业交接单操作规范所示。

表 4-1 ××快递企业交接单操作规范

规范名称	××快递企业交接单操作规范	编号	
1. 交接单的制作 （1）快件在转仓时，相关部门应在操作系统内制作"出仓交接单" （2）因网络、电力等不可抗拒因素导致无法及时录入运单和制作"出仓交接单"时，必须联系下一环节的运作部门及时补录运单并制作交接单 （3）交接单内需附单号、走货方式，并且所有内容必须与所需交接的部门一致 （4）交接单表头内容包括交接部门、到达部门、编号和日期 （5）交接单内容包括单号、部门、件数、重量、体积、目的地、品名、包装和交接人等			

续表

规范名称	××快递企业交接单操作规范	编号	

2. 交接单的填写

(1) 快件出仓时，装车人员和司机必须按照真实情况填写交接单，并在指定位置签名盖章

(2) 到货卸好后，卸货人员和司机应根据实际到货情况进行清点及记录，并在指定位置签名盖章

(3) 交接单内容如需更改，必须在更改栏目旁签名确认，如果超过6个单号有手动更改的，必须重新做一份交接单

(4) 分批配载需在交接单上进行备注

3. 交接单的交接

(1) 贵重物品、空运货、偏线货、城际快车货和专线货需要单独进行交换

(2) 交接单由发出部门、外场、司机和专线各留一份，每份必须清晰易辨

4. 交接单到货确认操作

(1) 运作部门、收件公司营运部、发件公司营业部必须要对所有到件进行交接单到件确认操作，确保以下环节的正确操作

(2) 各部门确认交接单时，发现有快件但是未制作出仓交接的，必须代收件部门制作"出仓交接单"，并向收件部门提取操作费

(3) 各运作部门发现有快件但在系统中未录入运单信息的，必须代收件部门补录运单，同时制作"出仓交接单"，并向收货部门提取操作费

(4) 代替录入运单信息导致差错，责任由录入部门承担

3. 拆解封志

(1) 封志的分类

封志是指为了防止车辆在运输途中被打开，从而对车门进行固封的一种方法（如图4-3所示）。其包括了信息封志和实物封志两种类型。快件处理人员应对封志类型有基本的认识。

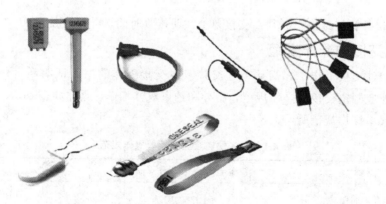

图4-3 常见车辆封志（钢丝封条，铁皮封条，高保封条，塑料封条）

① 信息封志：卫星定位系统、地理信息系统。

② 实物封志：纸质封志、封条、封签、塑料封志、金属封志、施封锁、铅封。

(2) 封志拆解步骤

快件处理人员按照以下步骤处理。

① 检查封志：封志是否已被打开过，对于松动、有可疑痕迹的应做记录。

② 检查封志上的印志号码：号码、标签是否清晰，对于模糊、有更改痕迹的应做标记。

③ 封志信息录入：可采用扫描枪或手工登记，注意与交接单进行核对。

④ 拆开封志：对于施封锁，应用钥匙开启；对于其他封志，应用剪刀或专用钳拆解封绳；注意不得损伤封志条码或标签。

4. 总包卸载

(1) 总包卸载作业安全要求

卸载作业要保证货物安全和人身安全，总包卸载作业的安全要求如下。

① 总包装卸作业安全要求

a. 车辆停稳后才能开始作业，不要一拥而上；进出车厢注意扶扶手，避免摔倒。

b. 要遵守先上后下、先外后里、按单点货的原则。

c. 戴好防护手套、系好防护腰带、穿好防滑鞋，以免损伤身体。

d. 卸载体积大、重量沉的总包快件时，应双人或多人协同作业及使用托盘、叉车等卸载工具。

e. 如果卸载快件有破损并渗漏出不明物品，必须用专用防护用具、用品进行隔离，切忌用身体直接接触或用鼻子闻。

f. 如果堆码在手动运输的托盘、拖车和拖板上，要注意控制码放的重量、宽度和高度，以免发生快件倒塌伤人和损伤物品的现象。

g. 使用托盘、拖车是要分清头尾，不得反向操作，拉运快件时应专心，不要东张西望。

h. 卸载工具严禁载人。

手工卸载是常见的快件卸载方式，卸载员应牢记以下的手工搬运安全要求。

② 手工搬运安全要求

a. 肩扛：物应轻于人体重，最好有人来搭肩，重物到肩方起立，谨记直腰弯曲，以免扭伤悔不及。

b. 肩抬：两人以上抬重物，大家统一顺肩起，换肩需要将重物放，同起同降不受伤，有人喊号步调齐。

c. 使用撬杠：撬杠长短有区别，视物需要来选取，操作人员杠同一侧，两腿叉开手用力，切勿在撬杠上站骑。

d. 使用滚杠：重物多用滚杠移，重物下方放托板，托板下方置滚杠，滚杠大小须一致，方向调正好省力。

e. 使用跳板：跳板质量是首选，腐朽破裂要抛弃，厚度足量不可疏，两头还应包铁箍，坡度长度要合理。

(2) 包装运输常用标识

快件中转站的卸货员应能正确识别包装运输标识，常见包装运输标识如图4-4所示。

图 4-4　包装运输标识

5. 总包拆解

总包拆解是指将已经接近站点的总包（图4-5）拆开，转换成为散件，开拆前应当检查总包封条是否牢固，袋身有无破损，开拆后应当核对总包内快件数量是否与总包袋牌或内附清单标注的数量一致，为快件分拣环节做准备。总包拆解主要分人工拆解和机械拆解两种方式。

(1) 人工拆解

人工拆解总包的步骤如下。

① 检视总包：检查总包规格，拆开送达正确的总包，异常总包应剔除处理；

② 扫描总包信息：扫描总包条码，对于扫描失败的，应用手工输入，不能遗漏；

③ 拆除总包：拆开时不能损伤内部软件，要保证包牌不脱落，禁止用力拽扯封志扎绳；

④ 清理快件：将快件倒出，并检查包内是否有遗留件，对易碎快件要小

心轻放；

⑤ 扫描快件信息：检查封发单填写情况，并整理存放好，逐件检视、扫描快件；

⑥ 清理现场：将合格快件放入分拣区，过大、过重、易碎的物件需要单独处理，并检查现场是否有遗留物。

图 4-5　快件总包

(2) 机械拆解

机械拆解是指用电动葫芦或推式悬挂机把总包悬挂提升起来再拆解的方式，如图 4-6 和图 4-7 所示。

图 4-6　电动葫芦

图 4-7　推式悬挂机

机械拆解步骤和人工拆解步骤相似，快件处理人员需特别注意机械设备的使用安全，机械设备的安全使用要求：

① 操作人员按要求着装，长发女工须盘发，长发不允许露出工作帽，以防卷入机器。

② 开启设备后，通过听、闻、看等方式，检查设备是否有异样。

③ 如果出现故障,要通知专业人员维修,严禁私拆设备。
④ 操作过程中严禁用机械拆解超过规定规格的总包,以免损坏机械。
⑤ 严禁无故使用急停开关或中断设备电源。
⑥ 设备运转中,严禁身体任何部位接触设备。
⑦ 操作台要保持清洁,严禁将任何与作业无关的物品放在上面。
⑧ 作业结束后,要及时清理场地,并检查设备是否已经关好。

6. 总包拆解异常情况处理

(1) 常见的总包拆解异常情况

常见的总包拆解异常情况和处理方法见表4-2。

表4-2 总包拆解常见异常情况及处理方式

序号	常见异常情况	处理方式
A	快件总包包牌所写快件数量与总包袋内的快件数量不一致	保存好总包袋身和包牌,如实记录数量,及时向业务主管反映问题
B	封发清单更改划销处未签名、未盖章,快件数量与清单不符	处理方式:保存好清单,如实记录,及时向业务主管反映问题
C	改退快件的批条或批注签有脱落,改退签批注错误等	立即做剔除处理,并按公司规定追究业务经办人的责任
D	拆出的快件有水浸、油污、破损、断裂和拆动的痕迹	按公司要求进行阴干、清洁和隔离处理,追究相应的封装、运送人员的责任
E	有内件受损并有渗漏、发臭、腐烂变质现象发生的快件	立即进行隔离,并由问题件处理人员与发件人沟通联系
F	快件运单地址残破	立即做剔除处理,并由问题件处理人员与发件人联系确认
G	拆出的快件属误发、误寄错误	立即剔除出来,并及时将误发快件退回封发处并进行处理

(2) 破损潮湿件处理办法

快件破损潮湿是最常见的总包拆解问题。为做到规范处理、合理担责,企业需制定破损潮湿件处理办法,如表4-3××快递公司破损潮湿快件处理办法所示。

表4-3 ××快递公司破损潮湿快件处理办法

规范名称	××快递公司破损潮湿快件处理办法	编号	

1. 上报要求
(1) 各经手环节须确保快件完好无损,对于已经破损的快件,必须重新包装、加固

续表

规范名称	××快递公司破损潮湿快件处理办法	编号	

（2）各经手环节发生货物破损时，需在内部操作系统上报栏目中进行填报，破损情况较为严重的，应拍照上传，并附相关说明
（3）如在中转过程中发生快件破损，交接人员必须要求送货司机在交接单上签字
（4）如快件需派送，派送人员必须在外场交接确认快件的异常情况
2. 上报时间
（1）上报破损潮湿快件的时间为卸货时间完毕4小时之内，在内部操作系统上报错
（2）卸车完毕后已无人上班的，应于次日早晨10点前上报差错
3. 责任划分
（1）快件破损潮湿责任划分如下

快件	上报部门	具体情况	责任部门
全部货物	所有部门	货物被污染，能正确找到污染源	收运污染件的部门
	所有部门	货物被污染，不能找到污染源	发现部门和上一环节部门
包装不合格快件	所有部门	找到现场责任人	责任人
	所有部门	因包装不合格导致破损、潮湿	收件部门
包装合格的快件	无驻地外场的到达部门	及时上报货物破损情况，但不能明确责任人	到达部门，上一环节部门
		未及时发现破损	到达部门
	有驻地外场的到达部门	派件之前没有上报破损，且不能明确责任人	派件部门、运输部门
		派送之前发现破损，但不能明确责任人	派送部门及上一环节部门
		属自提件，客户拒绝签收，且不能明确责任人	驻地外场及上一环节部门

（2）全部责任部门需要承担相应的保险赔偿

工作任务二 快件分拣操作

一、快件分拣的基本含义

快件分拣是快件中转中心依据顾客的订单要求或配送计划，迅速、准确地将快件从送货车辆里拣取出来，并按一定的要求（收件地址、快件种类、服务

时限）进行分类，集中派送给开往各地的运输工具的作业过程。其具体又分为快件的初分和快件的细分。

1. 快件的初分

快件的初分，是指因受派发时限、运递方式、劳动组织、快件流向等因素的制约，在快件分拣时不是将快件一次性直接分拣到位，而是按照需要先对快件进行宽范围的分拣。

2. 快件的细分

快件的细分，是指对已经初分的快件按寄达地或派送路段进行再次分拣。

快件分拣是快件处理过程中的重要细节，分拣的正确与否决定了快件能否按预计的时限、合理的路线及有效的运输方式送达到客户。

二、中转场快件处理的一般作业流程

中转场主要是负责从各个点部运输过来的快件的接收，到达中转场后对快件按到达地进行分拣，然后再装包扫描，最后装车发运。具体流程如图 4-8 所示。

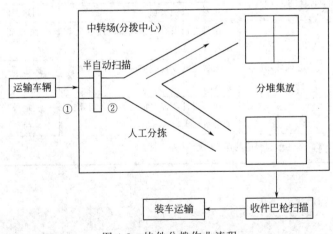

图 4-8　快件分拨作业流程

三、分拣人员素质要求

分拣是指按照快件运单送达地址，将相关的快件分别汇集分到规定区域内的处理过程。要做到分拣速度快、准确率高，分拣人员应具备如下知识。

① 快件运单知识：包括运单的填写规范、运单的粘贴方法和要求，以便快速识别问题件，避免误分。

② 快件包装知识：包括包装材料的选择和包装方法，以便对快件包装进行检查或对破损件重新包装和加固处理。

③ 行政区的简称、代码和电话区号等知识：包括各省、自治区、直辖市、特别行政区的汉字简称、省会（首府）及其邮政编码、电话区号，以便正确分拣。

④ 国内主要城市航空代码：应掌握国内主要城市航空代码，以便准确、高效地分拣快件，避免投递错误而导致延时误事。

⑤ 部分国家和地区英文简称：掌握部分国家及我国港澳台地区的英文简称，完善自身素质，提高分拣正确率。

四、快件分拣前相关物品与工具的准备

1. 安全搬运

快件到中转站后，将进入处理流程，根据属性将快件分为易碎、易损品与普通物品。选择恰当的搬运卸载工具，对快件的安全性、完整性将起到重要作用。

① 普通物品：普通物品指无特殊要求的物品，普通物品可使用夹钳、滚杠、撬杆、叉车和手工作业等。

② 易碎易损品：易碎易损品包括玻璃、陶瓷、镜面、灯具和工艺品等，宜采用手动叉车、升降叉车、手推车和手工作业等。

2. 工具准备

中转站分拣员应提前准备好分拣用具，快件装运前需进行封发工作，快递包装员应准备封发用具如表4-4所示。

表4-4 工具准备

分拣用具准备	封发用具
圆珠笔	
唛头笔	封装容器
包牌	封志
条形码扫描枪	封装专用钳
名章	手携扎袋器
包签	手携封包机
拆卸专用钳	

3. 做好个人准备工作

快件处理人员在工作前应自行检查服装和劳保用具是否穿戴整齐，是否符

合公司作业要求。检查内容如下：

① 是否穿着公司统一工服。
② 衣帽是否整洁干净。
③ 是否戴好统一工作帽。
④ 是否穿戴好护腰用具。
⑤ 是否戴上防护手套。
⑥ 工作牌是否佩戴端正。

五、分拣要求

① 应按快件处理场所的分区进行分区作业；
② 摆放快件时，应遵循大不压小、重不压轻、分类整齐摆放、易碎件单独存放的原则；
③ 文明分拣，不应野蛮操作，快件脱手时，一般快件离摆放快件的接触面之间的距离不能超过30厘米，易碎件不能超过10厘米；
④ 小件物品及文件类快件，不应直接接触地面；
⑤ 准确将快件分拣到位，避免出现错分滞留现象；
⑥ 及时录入分拣信息，并按规定上传网络。

六、分拣方式

在快件中转场（分拨中心）常见的快件分拣方式分为三种，分别是手工分拣方式、半自动机械分拣方式和全自动分拣方式。

1. 手工分拣方式

在技术不发达的情况下，人工无疑是最简单的、最直接的选择。在物流的分拣环节，最开始的也是采取人工分拣。人工分拣是指依靠人力，使用简单的生产工具来完成整个分拣作业过程的一种分拣方式，需要分拣人员掌握一定的交通、地理知识，熟记大量的快件直封、经转关系，具备熟练的操作技术以及书写能力等。这就对分拣员提出了要求。人工分拣所需要的工具简单，作业流程简捷，经济节约，在未实行机械化分拣的单位，仍然是一种十分重要的分拣手段。

(1) 人工分拣方式

① 按码分拣：按码分拣是按照快件上收件人地址的邮政编码进行分拣的一种方式。实行邮政编码后，除投递前的落地快件分拣必须按收件人详细地址分拣外，其他环节的进、出、转快件都可按码分拣。采用手工分拣

的，出、转口处理按照快件上的收件人邮政编码前三位号码分拣；进口处理按照收件人邮政编码的后三位号码分拣。对于按码分拣尚不够熟练的，可采用按址分拣和按码分拣两种方式并用的方法，来保证分拣准确，避免错分错发。

② 专人专台分拣：专人专台分拣，是指对贵重或特殊快件指定专人或设置专台进行专门处理，其目的在于确保相关快件的安全与迅速传递。

(2) 手工分拣作业步骤

手工分拣作业步骤及要点如表 4-5 所示。

表 4-5　手工分拣作业步骤及要点

序　号	步　骤	要　点
A	快件识别	信件类一次取件数量在 20 件左右，包裹类需单件处理 通过运单的邮编号、地址路段和电话区号进行快件识别
B	快件分类	先将待分快件分为信件类和包裹类 可分初拣和细拣两个环节
C	快件投格	一手托件，另一手拇指捻件，用中指轻弹入格 保持运单面朝上并且方向一致
D	快件整理	将分拣格子内的信件捆扎封发 将已分拣包裹进行堆码，避免串位

(3) 手工分拣快件技巧

手工分拣的质量由分拣速度、分拣正确率和问题件准确分拣处理三方面内容构成。快递企业分拣员应善于总结经验，提高分拣质量。常用的分拣快件技巧如下：

① 快件、清单、包牌三核对。

② 眼到、手到、心到不分神。

③ 熟记格口的路段，力求能做到"盲拣"。

④ 牢记邮编和区号，业务知识要熟练。

⑤ 疑难快件先剔除，而后单一作分拣。

⑥ 如需进行较远距离搬运，应当将快件装入货物搬运设备（如手推车）进行搬运，不得对快件进行猛拉、拖拽、抛扔等破坏性动作。

(4) 人工分拣的优缺点

人工分拣的好处是成本低，资金回收快，利润高。但是，这适合一些小型快递企业，资金不是太雄厚，采取这种方式，以避免企业在资金周转方面遇到的问题和企业面临破产倒闭的问题。

人工分拣也有许多坏处,如果使用这种分拣方式,则会导致企业服务提升缓慢、客户流失、丢失合作伙伴等一系列问题。人工分拣准确率不高,分拣的快件数少,而且劳动强度大,对分拣人员的身心造成极大的伤害。据统计:每个工人每小时平均只能分拣 150 件左右,同时分拣人员也不能在这种劳动强度下连续工作 8 小时。因此,分拣中心的分拣人员一天三批在不停地进行分拣工作,那么每天至多也只能分拣 3600 件。而这种效率现已远远满足不了与日俱增的快件数,如果企业依旧采用人工分拣的话,是没有足够的实力在日益激烈的竞争中获胜的。

【案例 4-1】"双十一"快递企业全天处理快件超过 6000 万件

2013 年 11 月 11 日,据国家邮政局监测,以淘宝网为代表的主要网商全天共产生订单快递物流量约 1.8 亿件,其中 80% 由"淘宝系"产生,较去年同期增长 85%,预计电商企业全天交易总额超过 400 亿元。全天各快递企业共处理 6000 多万件快件,是去年"双十一"最高峰 3500 万件的 1.7 倍。11 日晚,阿里巴巴集团董事局主席马云对全国快递界致谢:"我最感动的是'双十一'快递员把爸爸妈妈都拉出来送快递,预测 10 年后,整个中国快递人员将会有 1000 万人,帮助这些快递物流公司做成功,我们才会成功。"

之前,国家邮政局调动全行业力量,提前做好准备,出台《快递业务旺季服务保障工作指南》,协调电子商务企业与主要快递企业建立对接工作机制,强化邮政管理部门对"双十一"邮政企业和快递企业的支撑服务。各主要快递企业按照国家邮政局制定的"错峰发货,均衡推进"的部署,加强组织指挥保障,投资新建、改造分拨中心 300 余个,新增干线班车 2500 台,新增航空日均运力 800 吨,同时增加了华东、华南、华北区域至东北、西北、西南区域间的铁路运力。由于准备充分,虽然预计本周快递订单量还将持续增长,但行业整体运行繁忙、有序、规范,一周后网络将恢复正常。

来源:http://finance.people.com.cn/n/2013/1113/c1004-23522798.html。

2. 半自动机械分拣方式

半自动机械分拣是采用手工和机械设备相结合的方式,将快件从运输车辆上卸往自动传送带,再由人工根据快件标识进行手工分拣的一种分拣方式(如图 4-9 所示)。

(1) 半自动机械分拣作业程序

半自动机械分拣是人机相结合的分拣方式,信件类快件的分拣程序如表 4-6 所示。

图 4-9　××快递企业半自动机械分拣现场

表 4-6　半自动机械分拣作业程序及要点

序号	步骤	要点
A	事前准备	首先查看是否有业务变更通知 准备备用信盒以及信筐 打开捆扎器电源预热或准备捆扎绳 开机前检查分拣机的各个格口内有无遗留快件
B	设备操作	开启机器，依次按下"单封供信""供信"按钮 手工挑出不能上机的快件 将理好的快件送入分拣机的供信槽 机器自动扫描快件邮编进行分拣
C	过程控制	注意机器运行，发现异常要立即按下"紧急停机"按钮，及时通知设备维护人员进行处理 随机抽查格口分拣质量，清理满格快件，对拒识信函及时进行手工分拣
D	后期清理	分拣完毕后，按"停止供信"按钮关机 及时清理现场，并检查分拣机内有无遗留快件 将小车、信盒和信筐等用品用具归位，关闭捆扎器电源

(2) 半自动机械分拣操作规范

半自动机械分拣操作规范如下：

① 在指定位置将快件上机传输，运单面朝上，宽度要小于传送带的宽度。

② 快件传到分拣工位时，要及时取下快件。未来得及分拣的快件由专人接取，再次上机分拣或进行手工分拣。

③ 看清货运单的目的地、电话区号和邮编后，准确拣取快件。

④ 取件时，较轻的快件用双手托住两侧取下，较重的则用双手托住底部或抓紧两侧，顺传送带的方向取下，注意用力。

(3) 半自动机械分拣安全要求

在进行快件半自动分拣时，快件分拣人员要注意作业过程中的设备安全和人身安全，具体要求如表 4-7 所示。

表 4-7 半自动机械分拣安全作业要求

类　别	要　求
设备操作安全要求	① 设备运行前，清除带式传输或辊式运输设备周围影响设备运行的障碍物，然后试机运行 ② 注意上机分拣的快件重量和体积均不得超出设备的载重和额定标准 ③ 对非正常形状或特殊包装不符合上机要求的快件，要进行人工分拣 ④ 上机传输的快件与拣取的速度要匹配 ⑤ 传输过程中一旦发生卡塞、卡阻，要立即停止设备运行 ⑥ 分拣传输设备在使用中如果发生故障，要立即停止使用
人身安全要求	① 严禁跨越、踩踏运行中的分拣传输设备 ② 不能随意触摸带电设备和任何电源设备 ③ 身体任何部位都不能接触运行中的设备 ④ 拣取较大快件时，注意不要刮碰周围人员或物件 ⑤ 拣取较重快件时，要注意对腰部、腿部等的保护 ⑥ 不得使用挂式工牌，女工尽量留短发或者戴工作帽

3. 全自动分拣方式

全自动分拣是目前快件处理最先进、效率最高的方式，但是其投资太大，同时运行维护费用也很高，自动分拣系统是第二次世界大战后在美国、日本的物流中心中广泛采用的一种自动分拣系统，该系统目前已经成为发达国家大中型物流中心不可缺少的一部分。

(1) 自动分拣系统的作业描述

分拨中心每天接收成千上万的快件，分拨中心可以通过自动分拣系统（图 4-10）快速、准确、安全地将这些快件卸下并按货件的发送地点进行自动快速准确的分类，将这些分类好的快件运送到指定地点（如指定的货架、出货站台等），并快速地装车配送。

图 4-10　滑块式自动分拣系统
进行快件分拣作业

(2) 自动分拣系统的组成

自动分拣系统一般由控制装置、分类装置、输送装置及分拣道口组成。

① 控制装置。控制装置的作用是识别、接收和处理分拣信号，根据分拣信号的要求指示分类装置按快件类别、按快件送达地点或按货主的类别对快件进行自动分类。这些分拣需求可以通过不同方

式，如可通过条形码扫描、色码扫描、键盘输入、重量检测、语音识别、高度检测及形状识别等方式，输入到分拣控制系统中去，根据对这些分拣信号判断，来决定某一种快件该进入哪一个分拣道口。

② 分类装置。分类装置的作用是根据控制装置发出的分拣指示，当具有相同分拣信号的快件经过该装置时，该装置动作，改变在输送装置上的运行方向进入其他输送机或进入分拣道口。分类装置的种类很多，一般有推出式、浮出式、倾斜式和分支式几种，不同的装置对分拣货物的包装材料、包装重量、包装物底面的平滑程度等有不完全相同的要求。

③ 输送装置。输送装置的主要组成部分是传送带或输送机，其主要作用是使待分拣商品鱼贯通过控制装置、分类装置，并到达输送装置的两侧，一般要连接若干分拣道口，使分好类的快件滑下主输送机（或主传送带）以便进行后续作业。

④ 分拣道口。分拣道口是已分拣快件脱离主输送机（或主传送带）进入集货区域的通道，一般由钢带、皮带、滚筒等组成滑道，使商品从主输送装置滑向集货站台，在那里由工作人员将该道口的所有商品集中后或是入库储存，或是组配装车并进行配送作业。

以上四部分装置通过计算机网络联结在一起，配合人工控制及相应的人工处理环节构成一个完整的自动分拣系统。

(3) 自动分拣系统的主要特点

① 能连续、大批量地分拣货物。由于采用大生产中使用的流水线自动作业方式，自动分拣系统不受气候、时间、人的体力等的限制，可以连续运行，同时由于自动分拣系统单位时间分拣件数多，因此自动分拣系统的分拣作业可以连续运行 100 个小时以上，每小时可分拣 7000 件包装快件，如用人工则每小时只能分拣 150 件左右，同时分拣人员也不能在这种劳动强度下连续工作 8 小时。

② 分拣误差率极低。自动分拣系统的分拣误差率大小主要取决于所输入分拣信息的准确性大小，这又取决于分拣信息的输入机制，如果采用人工键盘或语音识别方式输入，则误差率在 3‰以上，如采用条形码扫描输入，除非条形码的印刷本身有差错，否则不会出错。因此，目前自动分拣系统主要采用条形码技术来识别货物。

③ 分拣作业基本实现无人化。国外建立自动分拣系统的目的之一就是为了减少人员的使用，减轻工人的劳动强度，提高人员的使用效率，因此自动分拣系统能最大限度地减少人员的使用，基本做到无人化。分拣作业本身并不需要使用人员，人员的使用仅局限于以下工作：

a. 送货车辆抵达自动分拣线的进货端时，由人工接货。

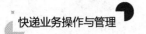

b. 由人工控制分拣系统的运行。

c. 分拣线末端由人工将分拣出来的货物进行集载、装车。

d. 自动分拣系统的经营、管理与维护。

自动化分拣是快递物流发展的必然趋势。但是由国际上已经采用了全自动分拣的国家总结出的经验：自动化分拣虽然其自身的高科技、高效率性已经不容置疑，但是要想建立起完全的自动化分拣同时也有着比较苛刻的条件。

知识链接 自动分拣系统的适用条件

第二次世界大战以后，自动分拣系统逐渐开始在西方发达国家投入使用，成为发达国家先进物流中心、配送中心或流通中心所必需的设施条件之一，但因其要求使用者必须具备一定的技术经济条件，因此，在发达国家，物流中心、配送中心或流通中心不用自动分拣系统的情况也很普遍。在引进和建设自动分拣系统时一定要考虑以下条件。

1. 一次性投资巨大

自动分拣系统本身需要建设短则40～50米，长则150～200米的机械传输线，还有配套的机电一体化控制系统、计算机网络及通信系统等，这一系统不仅占地面积大，动辄2万平方米以上，而且一般自动分拣系统都建在自动主体仓库中，这样就要建3～4层楼高的立体仓库，库内需要配备各种自动化的搬运设施，这丝毫不亚于建立一个现代化工厂所需要的硬件投资。这种巨额的先期投入要花10～20年才能收回，如果没有可靠的货源作保证，则有可能系统大都由大型生产企业或大型专业物流公司投资，小企业无力进行此项投资。

2. 对商品外包装要求高

自动分拣机只适于分拣底部平坦且具有刚性的、包装规则的商品。袋装商品、包装底部柔软且凹凸不平、包装容易变形、易破损、超长、超薄、超重、超高、不能倾覆的商品不能使用普通的自动分拣机进行分拣，因此为了使大部分商品都能用机械进行自动分拣，可以采取两条措施：

一是推行标准化包装，使大部分商品的包装符合国家标准；

二是根据所分拣的大部分商品的统一的包装特性定制特定的分拣机。但要让所有商品的供应商都执行国家的包装标准是很困难的，定制特定的分拣机又会使硬件成本上升，并且越是特别的其通用性就越差。因此公司要根据经营商品的包装情况来确定是否建或建什么样的自动分拣系统。

来源：http: //wiki. mbalib. com/wiki/% E8% 87% AA% E5% 8A% A8% E5% 88% 86% E6% 8B% A3% E7% B3% BB% E7% BB% 9F。

(4) 常见分拣机类型及作业程序

自动分拣机分拣是通过分拣机对分拣信号进行判断并分拣的方式，常见的分拣机类型包括：斜带式分拣机、平带式分拣机、U形带式分拣机、带式分拣机、链式分拣机、托盘式分拣机等，以下重点介绍平带式分拣机的工作程序：

① 分拣人员阅读编码带上的地址，并在编码键盘上按相应的地址键。
② 携带有地址代码的快件被编码带输送至缓冲储存带上排队等待。
③ 计算机系统发出上件信号，快件进入分拣机的传输带，即平钢带。
④ 当传输的快件挡住探测器时，探测器将发出货到信号。
⑤ 计算机系统将新到件地址信息以磁编码的形式记录在快件前沿的钢带上。
⑥ 快件传输到分拣机格口，格口滑槽磁编码信息读取装置阅读信息。
⑦ 计算机根据读取结果控制导向挡板快速运动到钢带上方。
⑧ 当所读信息就是该格口代码时，计算机就控制推出机构，快速地将货物推出钢带，进入分拣道口，完成分拣任务。

相比人工分拣和半自动分拣，全自动分拣是最先进、效率最高的，但是其投资太大，同时运行维护费用也很高，在国内应用也存在一些技术与经济上的问题，比如信息识别方式、廉价的条形码在高速条件下识读准确率和容错率都不高等。所以目前阶段一些大型的快递企业的中转场或分拨中心所采用的分拣方式主要是半自动分拣。

工作任务三 快件封发

快件分拣后要进入后续的快件封发工作，包括登单、总包的封装和码放及快件的装车发运。

一、快件封发的含义

封发是指将分拣处理后的快件，按照频次、时限、发运路由等进行整理、登单、捆扎、封装成袋、套，并编制快件路单的处理过程。

快件在中转场或分拨中心按地址分拣好后，装入总包运往目的地分拨中心或更高一级的中转场或分拨中心再次进行分拣。快件封发具体包括快件的直封、快件的中转。

① 快件的直封：就是快件分拣中心按快件的寄达地点把快件封发给到达城市分拣中心。

② 快件的中转：就是快件分拣中心把寄达地点的快件封发给相关的中途分拣中心，经再次分拣处理，然后封发给寄达城市分拣中心。

二、登单

总包内的散件在传递给目的地的分拣中心处理前，需要对散件进行登记封发清单。清单内容包括清单号码、始发地、目的地、快件号码、寄达地、种类和总数。可通过手工登记、扫描录入或是分拣系统自动形成等方法制作封发清单，如图 4-11 所示。

特快专递邮件封发清单

总包号码		封发日期		封发时间			页号	
封发日戳	车(航)次						接收日戳	
	原寄局：	EMS		寄达局：				
格数	邮件编号	收寄局	备注	■	格数	邮件编号	收寄局	备注
1				■	2			
3				■	4			
5				■	6			
7				■	8			
9				■	10			
11				■	12			
13				■	14			
15				■	16			
17				■	18			
19				■	20			
21				■	22			
23				■	24			
25				■	26			
27				■	28			
29				■	30			
总件数		封发人员签章				接收人员签章		

图 4-11　EMS 封发清单

1. 手工登单操作

选择清单，加盖日期戳记，填写清单号、封发地等内容，按照公司编码要求进行清单号码排序，同时按照出站车的顺序在对应栏目内登记快件号码、寄送地和快件类别等内容。如采用多页清单，检查是否每一页都已注明页数，最后一页是否已写上快件的总件数。

清单检查内容注意事项：
① 退回、易碎、液体快件要在备注栏内注明。
② 对于保价、代收货款、到付快件，应注明金额。结束登单，快件处理人员在指定位置用正楷字签名或者盖章。

登单后期工作注意事项：
① 对需建包、箱的快件，登单结束后制作总包包牌。
② 包牌号应与清单的号码一致。

2. 条形码设备扫描登单操作

用条形码设备扫描快件运单，并在快件满袋后生成封发清单，操作步骤如下：
① 操作人员启动系统，并使用专用口令进入扫描登单操作模块。
② 根据操作要求，在指定栏目内输入快件的邮编、电话区号和专用代码等名称。
③ 对需建总包的快件，除系统自动生成总包包牌外，还应先扫描预制的总包条码牌，再扫描包内快件。
④ 逐渐扫描快件，并手工录入无法扫描的快件。
⑤ 扫描过程中，注意核对结果，以防发生信息错漏。
⑥ 扫描结束后，应通过系统打印封发清单和制作电子信息清单。
⑦ 如实物数量与打印清单数量不符，应进行复核，并及时补充或更正。
⑧ 登单结束后，检查作业场地周围有无遗漏的快件。
⑨ 操作人员按要求退出操作系统，确保信息安全。

3. 分拣系统自动形成登单

(1) 分拣系统自动形成登单的原理
① 设置各逻辑格口封发标准；
② 系统扫描快件信息和读解；
③ 信息传送给导向挡板和运输带；
④ 快件被导入相应逻辑格口；
⑤ 格口达到封发标准自动封锁；
⑥ 系统根据扫描信息，生成封发清单。

(2) 分拣系统自动形成登单的检查
对于分拣系统生成清单的登单方式，操作人员应加强对操作系统和生成结果的检查，以避免发生错误。检查内容如下：
① 检查设备操作系统有无版本升级，业务处理是否有变更要求，设备组件

是否正常运转；

② 检查格口的封锁和开启是否按照设置的标准执行；

③ 检查各格口快件规格、数量等是否与封发要求一致，是否有无法自动分拣、需手工处理的快件；

④ 检查快件生成清单的信息是否与实际数量、内容一致，对于错误清单，要及时复核更正；

⑤ 作业结束后，检查作业场地周围是否有遗漏的快件。

三、总包的封装和码放

1. 制作总包包牌

总包包牌是公司为了发寄快件和内部作业而粘贴或拴挂在快件总包上的信息标志，记录了快件的种类、数量、目的地等相关信息。可由系统生成或手工制作，制作过程要点如下。

(1) 操作系统自动生成包牌

① 检查操作系统存储的快件扫描信息；

② 对操作系统输入打印包牌的指令；

③ 用与操作系统连接的打印设备打印出指定内容的条形码总包包牌；

④ 包牌含有包牌号码、总包发出地、寄达地、件数和重量等信息；

⑤ 检查是否有需手工补充的信息。

(2) 手工制作包牌

① 检查预制的总包包牌，或包含信息较少的包牌缺漏项目；

② 使用汉字和阿拉伯数字规范填写包牌各栏目内容，不得涂改或书写潦草；

③ 要求使用笔头直径在 3 毫米以上的油性唛头笔填写；

④ 检查发寄联和留存联内容是否准确一致。

2. 进行总包封装

总包包装是将打印清单与快件一同装入特定容器内，并进行专业封扎、拴挂包牌的过程。选择总包封装的不同容器，采取相应的封装要求，具体要求如下。

(1) 总包袋封装要求

① 根据快件数量和体积选择大小合适的总包袋；

② 将已填制好的包牌贴在空袋子的中上部；

③ 将贴好包牌的总包袋正确钩挂在撑袋架上；

④ 应将信息类和包裹类快件分开封装；

⑤ 对保价快件、代收货款、到付快件等进行分类封装；

⑥ 保持快件运单朝上，按照由重到轻、由大到小、方下圆上的原则一次装袋；

⑦ 易碎快件和液体快件应单独封装或放在袋子的最上层；

⑧ 快件装好后放入该总包的封发清单，封发清单要求用专用封套包装；

⑨ 装袋时快件不宜超过袋子容积的 2/3，重量不宜超过 32 千克；

⑩ 将总包袋卸下并扎紧实，切勿出现"鹅颈袋"的松扎口。

(2) 轮式笼和集装箱封装要求

① 检查轮式笼（如图 4-12 所示）或集装箱是否有损坏、变形；

② 将已填制好的包牌贴在笼或箱子正面的上部指定区域；

③ 保持运单向上，将快件按照重不压轻、大不压小、小件填装空隙的原则装笼或装箱；

④ 充分利用笼或箱中的隔板，保护易碎快件或液体快件；

⑤ 将文件类和包裹类快件混装，集中区域拼装；

⑥ 对于保价快件、代收货款、到付快件，应集中码放或利用隔板进行隔离；

图 4-12 轮式笼

⑦ 快件装好后放入该总包的封发清单，封发清单要求用专用封套包装；

⑧ 检查笼或箱门的快件是否码装整齐；

⑨ 正确关闭笼或箱门，切勿随意合上；

⑩ 使用专用或特制的绳子或塑料封带封扎笼或箱门。

3. 总包质量检查

为确保总包封装的快件能够安全、准确地传递，快件处理人员应检查总包质量，以便及时纠错，总包质量检查内容如下：

① 检查作业系统是否按规定程序处理快件分拣、登单工作；

② 检查所要封发的快件是否与发运计划、时间要求一致；

③ 检查封发清单与总包内的快件实物数量明细是否一致；

④ 检查总包重量、包装和包牌是否符合要求，清单是否齐全；

⑤ 检查作业场地周围是否有未处理或遗漏装包的快件。

4. 总包堆位和码放

规范有序地堆位和码放总包,有利于合理规划区域空间,梳理作业程序,保证快件处理时间上的合理性和有序性。总包堆位和码放的一般要求如下:

① 同一航班或车次的总包集中堆放,便于装运;
② 同一车次的总包应以总包中转卸货的先后顺序码放;
③ 总包应直立放置,整齐划一排列,以一层为限,切勿横铺堆叠;
④ 码放在托盘或搬运工具上的总包,应严格按照工具载重标准和操作要求执行;
⑤ 各堆位间应留有通道,并设置隔离标志;
⑥ 不得出现摔、拽、扔、拖总包的粗鲁行为,如发现包装破损或包牌脱落,应及时处理;
⑦ 对代收货款、到付快件和优先快件应单独码放,对于易碎快件,要按公司要求处理;
⑧ 根据总包装运时限的先后顺序建立堆位,以避免出现压包延误现象。

四、快件装车发运

1. 汽车运输交接步骤

使用汽车运输快件是最常见的方式,采用该方式进行快件交接时,应按照如下步骤进行:

① 引导运输车辆停靠在指定的交接站台;
② 检查押运人员的身份是否真实;
③ 检查运输车辆是否符合公司车辆安全运行标准;
④ 与押运人员核对总包的数量与交接单内容是否一致,规格是否符合要求;
⑤ 监督快件搬运装车工作,确保总包堆码拼装符合运输要求;
⑥ 填写"出站快件交接单",注意检查是否有遗漏栏目和不符信息;
⑦ 交接双方在交接单上签名盖章,并如实记录实际发车时间。

2. 快件交接押运规范

为了规范快件的运输工作,快递企业会对关键人员的职责、快件交接和押运操作进行规范,具体内容如表 4-8 所示。

表 4-8　××快递公司快件处理押运操作规范

名称	××快递公司快件处理押运操作规范	编号	
1. 押运员职责			
(1) 树立良好的安全责任意识,保证所押运的快件完好无损			

续表

名称	××快递公司快件处理押运操作规范	编号	

（2）掌握公司快件交接流程，了解、熟悉快递业务相关知识
（3）做好每次押运的工作记录，填写押运员日报表并上报
（4）遇班车故障或交通事故时必须就近更换车辆，确保快件准时到达终点站
（5）确保快件安全，维护公司利益，不得违规操作

2. 快件押运交接步骤
（1）将车辆停靠在指定接货站台
（2）向发包人员出示身份证明
（3）核对快件数量，并检查快件外观
（4）指导搬运装卸人员装车
（5）办理交接手续，在交接单上签字
（6）检查快件拼装码放的情况
（7）进行车辆施封，发车上路

3. 快件押运交接要点
（1）各发件公司的办事处、派送点的快件彼此一起集中打包。发件公司未统一打包的，押运人员可不接收其办事处、派送点的快件
（2）押运人员应仔细核对发件公司的扫描记录和实物是否相符，同时检查外包装是否符合运输要求，以及包装上的去向标志是否正确。如发现快件的外包装袋及标签存在问题，应立即处理
（3）押运人员需按照快件到达地将快件分开堆放，并施封
（4）押运人员应注意小包裹快件的堆放和保管，装车时应将较重的快件摆放在下面，较轻的快件摆放在上面
（5）交接快件时，严禁出现抛、摔、扔、踢、踩和坐等违规现象，遇到大、重的快件应请人协助处理
（6）交接快件时，押运人员可拒绝接收禁运品和有问题的快件，如已接收快件则视同快件外包装完好

4. 快件押运交接特殊情况的处理
（1）快件损坏的处理：一经发现破损快件，应注意保管，押运人员与发件人员交接时，应说明情况，如双方存在分歧，应现场核实
（2）运输事故的处理：汽车在运行中，如发生交通事故，押运人员必须立即通知承运负责人，并联系运输车辆，租车运送快件。根据运输事故实际情况，必要时需配合有关部门对事故进行处理
（3）政府部门检查的处理：在押运过程中，如遇到邮政、公安等部门检查，应要求对方出示相关证件，同时及时上报相关领导，配合有关方面的检查，如政府部门须将快件带走，应拿出所带快件明细清单（至少清点快件总数）并要求对方在清单上签字确认
（4）非法拦车的处理：在押运过程中，如有拦车者，必须要求对方出示相关证件，如属于非法拦车，则必须将车门锁好，并保管好钥匙，同时立即上报公司及拨打当地"110"电话报警，待警方到达后，根据警察安排处理，并将情况上报公司领导
（5）车辆故障的处理：如运输车辆在运行过程中出现故障，应根据车辆故障的实际情况进行处理，如车辆故障能在短时间内排除则可停留，否则应联系租车运送快件
（6）雨雾天气、交通堵塞的处理：在押运过程中，如出现雨雾天气、交通堵塞等情况，应本着安全的原则选择线路，尽可能保证快件及时送达

五、运输车辆封志的建立

1. 车辆封志建立步骤

快件和总包装入车辆后，需对车辆进行加封。对运载快件的车辆施封，是

确保快件安全送达的有效手段。建立车辆封志的步骤如下。

① 关闭车门：关闭车门前应检查快件堆码是否符合要求，作业场地周围是否有遗漏快件；

② 加封封志：应在车门指定位置施封，加封过程应至少有两人在场；

③ 检查封志：检查 GPS 系统是否正常，封志是否牢固，条形码是否完好无损；

④ 登记封志条形码：将封志的条形码号登记在出站快件的交接单上；

⑤ 双方交接确认：交接双方如对施封过程无异议，则在交接单上签字确认。

2. 车辆封志管理规定

封铅条是快递企业的常用规格，为提高快件的安全性，快递企业一般会对封铅条的管理和使用进行规范，具体如表 4-9 所示。

表 4-9　××快递公司车辆封铅条管理规定

规范名称	××快递公司车辆封铅条管理规定	编号	
1. 封铅条的保管 车辆封铅条统一由配载专线、营业部柜台保管，部门经理需安排专人负责管理车辆封签条 2. 封铅条的使用 （1）外场装好车后，专线、营业部柜台出单时，封铅条必须填入交接单封签号填写处，外场装车人负责检查核对 （2）车辆封铅条如果有发生损坏，外场人员必须拿坏封铅条和交接单到专线及封铅条管理员处更换，否则不能领取 （3）换封铅条时，封铅条管理员必须同时更改交接单上的封铅条 （4）外场装车人员必须确保交接单号和车门封条一致 （5）外场装货完毕后，需对车厢进行封铅，每个门的上锁处都必须封铅，有甲板的车辆可在尾板的扣环处封铅，必须要能起到保护货物的作用 （6）押运人员和司机应对封铅号进行检查核对，并在交接单上签字确认 （7）车辆到达卸货部门后，卸货部门点数人员应先检查封志是否完好，并核对铅封号与交接单记录的封铅号是否一致，之后签字确认 3. 部分卸货作业要求 如在中转站进行部分卸货，在卸货完成后，必须重新上封铅，并在交接单上写明封铅号，等同正常发货程序，并让司机核对 4. 作业外场封志检查 对于作业外场，车辆进出大门时，保安人员应检查车辆封铅号和交接单上的填写内容是否一致，并检查车辆封铅是否锁好 5. 责任划分 （1）在封铅条完好的情况下，快件的短少由装卸车点数人员承担 （2）在封铅条、车门锁损坏或没有的情况下，由司机承担快件短少的责任 （3）车辆在途中因超重或经查车等意外不可控因素而拆封铅条的，司机必须及时通知配载部门人员，并向警察索取相关证明，经核实后，司机不必承担责任			

情景小结

本情景主要介绍了快件处理作业流程,包括快件接收、快件分拣及快件封发环节,并重点介绍了快件接收操作流程和注意事项,分析了中转场对快件的手动、半自动和全自动的分拣方式的优缺点,最后介绍了快件封发的含义及其操作步骤。

实训项目

1. 训练目标

通过对快递企业的区域中转场或分拨中心进行调研,进一步了解中转场对快件的处理流程。

2. 训练内容

中转场或分拨中心通常是按照地址编码来对快件进行分拣,长时间地面对大量的数字容易让分拣人员产生视觉疲劳进而造成分拣差错,请设计一种标识,能让分拣员快速地识别,并不需要过多的思考,并对整个流程进行优化。(提示:颜色和数字是日常生活中最常见的事物,颜色的优点就是:既可以显而易见地识别且某些颜色也能使人更加亢奋或者心态更平和。所以采用颜色来区分快递的送往区域是比较现实且高效的。)

3. 实施步骤

(1) 以4~6人小组为单位进行操作,并确定组长为主要负责人;

(2) 到当地所在的快递企业中转场或分拨中心进行实地调研,了解快件的主要处理流程;

(3) 搜集资料,将各组员负责的内容和工作要点填入下表,完成工作计划表;

序号	工作名称	工作内容	工作要点	责任人	完成日期

(4) 以颜色为标识,对当前分拨流程进行再造和优化形成方案;

(5) 整理资料,制作PPT进行汇报。

4. 检查评估

能　　力		自评 （10%）	小组互评 （30%）	教师评价 （60%）	合计
专业能力 （50分）	1. 快件处理流程描述的准确性（20分）				
	2. 快件分拨流程优化方案设计的合理和可行性（30分）				
方法能力 （50分）	1. 信息处理能力（10分）				
	2. 表达能力（10分）				
	3. 创新能力（20分）				
	4. 团队协作能力（10分）				
综合评分					

思考与练习

1. 总包拆解的注意事项及方式是什么？
2. 快件分拣的主要方式及其特点是什么？
3. 运输车辆封志的建立步骤是什么？

学习情景五
快件派送业务操作

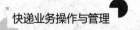

工作任务一 快件派送业务知识

一、快件派送的准备工作

1. 快件派送的基本含义

快件派送是指快递服务组织通过派送员（业务员）将快件递送到收件人或其指定的地点并获得签收的过程。快件派送是体现整个快件服务质量的最为关键的一个环节，由派送员直接和客户接触，派送员能否准确、按时地按照客户的要求送达给客户或送达给其指定的地点成为客户衡量快递企业服务的一个重要因素。

快件经过目的地所在区域中转场分拨，运达到区域点部，在区域点部内进一步将快件分拨给负责快件运单上目的地的派送员，由快递员完成最后一公里的递送任务。快件派送是快递服务的最后一个环节，具体工作包括：进行快件交接、选择派送路线、核实用户身份、确认付款方式、提醒客户签收、整理信息和交款等项工作。快件派送工作不仅是直接保证快件快速、准确、安全地送达客户的最后一环，也是同客户建立与维护良好关系的一个重要机会。

2. 快件派送前的检查及准备工作

派前准备是指快递业务员在派送快件出发前，为保证快件派送的时限，确保派送服务水平所做的一系列准备性工作。

(1) 个人仪容仪表整理

派送人员的仪容仪表代表着公司的形象和风貌，因此派件人员在开展派送工作前应整理好着装，身着企业统一制服，佩戴工作牌，整理好个人仪容、仪表，调整自己的心态和情绪，保持良好的精神风貌。

(2) 运输工具及用品用具的检查

运输工具关系到派送人员的行车安全，证件、挎包、手机和纸笔等是做好派送工作的必备品，派送人员应在出发前检查运输工具和准备相关物品。

派送人员的运输工具主要有电动车、摩托车和汽车等，各类工具检查要点见表5-1。

表 5-1　运输工具的检查事项

运输工具	检查事项
汽车的检查	外观——汽车外观有无破损、擦刮痕迹，车门是否能锁紧 内部——车厢内是否清洁，有无异味 行车安全——启动车辆是否正常，有无异味、异响，机械配件有无松动、损害 内部零配件是否齐全、灵活 配套汽车修理工具是否齐全 相关行车证件是否备齐且在有效期内
摩托车的检查	检查有无漏油、漏气、漏电的现象 检查汽油量是否充足，汽油箱盖、蓄电池盖、气门嘴盖是否严实 检查灯光、喇叭、反光镜是否正常 检查车辆启动是否正常 检查相关证件是否备齐
电动车的检查	电瓶——电量是否充足，电池盒是否锁好 变速车把——变速车把是否灵敏有效 车胎——车胎是否平稳且无磨损 配件——查看车链是否绞合，螺钉是否拧紧

3．相关物品用具的准备

配送快件前应准备的用品用具包括快件搬运工具、派件辅助工具和移动扫描工具三类，派件人员应备齐以上物品并做好相关检查工作。

(1) 快件搬运工具

主要检查手推车扶手是否完好，承重板面有无破裂变形，脚轮是否灵活。

(2) 派件辅助工具

检查个人证件是否齐全，包括工作证、身份证、驾驶证和行车证。派件工作用具是否完备，如挎包、便携式电子秤、绑带、雨布雨具、笔纸和小刀等。

(3) 移动扫描工具

主要是检查扫描枪电量是否充足、能否正确读取信息、能否连接操作系统。

4．注意事项

① 避免派件过程中业务员因物料或工具短缺而无法正常工作。如派送到付或代收款快件，收款时需要向客户出具收款收据或发票，如果没有携带相关票据，将影响派送工作的正常进行；收取到付款或营业额时，可能需要找零，如果不提前准备零钱，也可能会因无法找零而延误快件派送时间。

② 检查有无快件处理的相关要求和操作变更通知，作业系统有无版本升级或操作变动。检查手持终端，核对作业班次和时间。避免因不了解情况和手持终端出现故障而影响快件派送。

③ 办好交接手续，明确责任。快递业务员与处理人员交接快件时，当面核对数量，检查快件外包装、重量等有无异常情况。如发现异常情况，要将快件

交由处理人员处理，交接双方在确认快件无误后，签字确认交接信息，明确责任。

④ 派件交接时，注意避免详情单脱落、详情单"派送存根联"缺失或粘贴不牢固的情况。发现详情单脱落、详情单"派送存根联"缺失的快件，交回由处理人员处理；发现详情单粘贴不牢固的快件，用企业专用胶纸粘贴牢固后，按正常快件进行派送。

⑤ 派送交接时，注意详情单破损，字迹潦草、模糊，收件人名址不详的快件。此类快件需在确认收件人的详细名址后进行派送。

⑥ 确保派送时限，降低派送服务成本。派送出发前合理设计派送路线，对快件进行整理排序。一方面可以节省派送时间，实现企业派送时限的服务承诺；另一方面可以减少交通工具的磨损和油耗，降低派送成本，提高企业经济效益。

二、快件交接

1. 普通快件的交接

(1) 派送快件的交接

将快件送达处理点后，快件处理人员将对快件按路段进行分拣，并与各派送路段的派件人员办理交接手续，具体要求如下。

① 核对快件总数。核对一票多件快件的件数、核对代收货款的件数、核对到付款快件的件数。

② 检查交接文件。检查交接文件外观有无破损，检查交接快件有无液体渗漏、受污染情况，检查运单是否脱落或者破损，检查收件人名址是否属于派送区域、是否具体明确。

③ 交接签字。在交接单上如实填写领件的单号、件数和时间等，并在交接单指定位置签名。

(2) 自提快件的交接

自提快件的交接要点是单据交接，交接工作的注意事项：自提件清单交接，检查清单明细，在交接单上签字，自提快件单号扫描录入。

2. 特殊快件交接

(1) 优先快件交接

派送交接时，对于优先快件进行单独交接并单独存放，以保证快递业务员及时掌握优先派送快件的信息。做好优先派送的计划与准备，保证优先派送，实现对客户的优先服务承诺。同时，对于优先的快件详情单信息、收件人名址进行核实，发现错分快件应及时退回处理人员进行重新分拣，以便及时安排派送。

(2) 保价快件交接

保价快件通常具有高价值、易碎、对客户重要性高的特点，在交接时需特别注意。快递企业对保价快件有单独的收派及处理流程，而且快件流转的每个环节都需交接双方签字确认。因此，保价快件派送时，一定要单独交接并逐件点验数量，查验快件外包装、保价封签及重量是否异常。查验内容主要包括：

① 检查快件外包装及保价封签　检查保价快件的外包装及保价封签是否完好，有无撕毁或重新粘贴的痕迹。检查快件外包装有无破损、开缝、挖洞、撬开、污染、水渍和沾湿等不良情况。外包装破损的快件有可能已导致内部部分或全部丢失、毁损；开缝、挖洞、撬开、保价封签撕毁或重新粘贴有可能是被盗的迹象；外包装污染可能已导致快件内部部分或全部价值损失。发现快件外包装及保价封签异常情况，应向处理人员及时反馈。

② 快件复重　保价快件交接时，处理人员与快递业务员会同进行称重，将重量异常的保价快件上报主管人员，必要时经主管人员同意，在监控下由两人以上会同开拆外包装进行检查。

③ 易碎保价快件检查　易碎保价快件交接时通过摇晃、触摸等方式查验快件的完好性，发现异常快件（如轻微摇晃听到异常声响），向处理人员反馈，将快件交与处理人员跟进处理。

3. 到付快件、代收货款快件交接

到付快件、代收货款快件因涉及向收件人收取相应的款项，存在一定的风险。一般情况下，快递企业规定此类快件交接时进行逐票分类检查，在派送路单（或称派送清单）中注明应收取的款项和金额，或制作专用的应收账款清单。为了避免错收款项，派送交接时，业务员要注意核对派送路单所注明的应收账款金额与快件详情单或其他收款单据所写的金额是否相符。如有金额不符的快件，交由处理人员核实。

4. 详情单脱落、"派送存根联"缺失快件的交接

处理人员分拣快件时，发现有详情单脱落或"派送存根联"缺失的快件时，应单独存放，与快递业务员单独交谈。首先，快递业务员协助处理人员在处理现场寻找有无脱落的详情单，如果寻到并能确认，将详情单粘贴牢固后，按正常流程进行派送；如果现场找不到脱落的详情单，应交回处理人员，处理人员通过与上一环节联系、对比等方式查询快件的详情单单号及相应的信息，填写

企业专用的派送证明（图 5-1）并代替"派送存根"联，交给快递业务员按正常流程进行派送。

```
                    派 送 证 明
    详情单号：_____，自_____发往_____，收件人为____，
    运费为_____的快件已派送并签收。
    特此证明
                    收件人(代收人)：
                    证件名称及号码：
                    派 送 业 务 员：
                    派 送 时 间：年  月  日  时  分
```

图 5-1 派送证明样例

5. 详情单破损快件的交接

处理人员分拣快件时，发现详情单破损的快件应单独存放，与快递业务员单独交接。如详情单破损轻微，且不影响查看收件人信息，按正常流程派送；如果详情单破损比较严重，导致无法识别快件单号及收件人信息，处理人员可通过与上一中转环节联系、对比等方式查询快件单号及相应信息，填写"派送证明"代替"派送存根"联，交给快递业务员按正常流程派送。

6. 详情单书写潦草、模糊不清快件的交接

处理人员分拣快件时，发现详情单因书写潦草或涂改严重等原因造成字迹模糊，不能清晰辨认收件人名址、资费或代收款的快件应单独存放，与快递业务员单独交接。处理人员利用快件单号，通过信息系统确认收件人及其他信息并批注在详情单上，交与快递业务员按正常流程进行派送。

7. 收件人名址不详快件的交接

处理人员分拣快件时，发现名址不详的快件应单独存放，与快递业务员单独交接。如果有收件人电话，与收件人联系，确认详细名址并在详情单空白处进行批注后按正常流程进行派送。如果有收件人电话，但电话无人接听时，可先携带快件出发派件，途中连续拨打收件人电话，如能与收件人取得联系并确定详细名址，在详情单空白处进行批注按正常流程派送；无法取得联系时，作为问题件带回营业网点，交与指定处理人员，办理交接手续；无电话号码或因电话号码错误、停机等原因无法与收件人取得联系时，将快件直接交回由处理人员跟进处理。

工作任务二 快件派送操作

一、快件派送的基本流程

1. 快件派送服务的含义

派送服务是指快递业务员完成派前准备工作后离开营业网点,按照预先规划好的派送路线,依次到达派送目的地,交由客户签收,完成派送任务的工作过程。快递企业应当对快件提供至少2次免费投递服务。

2. 快件派送服务的基本流程

派送服务流程图如图5-2所示。

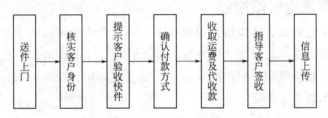

图5-2 派送服务流程图

3. 派送服务流程说明

(1) 送件上门

将快件按照派送顺序妥善捆扎,装载在运输工具上,安全送达到收件客户所处的地点,确认收件人地址,妥善放置交通工具及其他快件。

(2) 核实客户身份

为了保证派送正确,派件前要认真查看客户或客户委托签收人的有效身份证件,以核实客户身份。

(3) 提示客户验收快件

快递业务员将快件交给收件人时,应告知收件人当面验收快件。如果快件外包装完好,由收件人签字确认。

对于网络购物、代收货款以及与客户有特殊约定的其他快件,快递企业与寄件人(商家)签订合同,明确快递企业与寄件人(商家)在快件派送验收环节的权利与义务关系。快递业务员在派送时,按要求提示收件人验收,验收无异议后，由收件人签字确认。

(4) 确认付款方式

确认到付款或代收款快件客户的具体付款方式。

(5) 收取运费及代收款

向客户收取到付款或代收款等应收的款项，并向客户开具收款收据或发票。

(6) 指导客户签收

① 手工签收。客户在详情单上签名，确认快件已经派送给收件客户；快递业务员在详情单上相应的位置填写姓名（工号）和派件日期及时间。

② 电子签收。打开手持终端，进入快件签收界面，指导客户在手持终端上签署姓名。

(7) 签收信息上传

客户签收后，立即使用手持终端进行签收扫描并上传到企业信息系统。如采用电子签收方式，则请客户在手持终端上签字，然后上传至企业信息系统。

4. 快件派送时限控制

快件派送的时效，是快递公司服务水平和竞争实力的体现。公司可根据网点分布和交通情况，将派送范围划分为中心区域、中心区域以外地区和偏远乡村三级派送区域，并结合到件时间、快件重量控制快件派送时限，一般快件派送时限要求如表5-2所示。

表5-2 一般快件派送时限

到 件 时 间	派 送 时 限
上午8点(含)前到件	中午12点(含)前派送完毕 下午14点(含)前派送完毕
上午8点后至上午10点(含)前到件	中午14点(含)前派送完毕 下午16点(含)前派送完毕
上午10点至下午13点(含)前到件	当日派送完毕 次日中午12点(含)前派送完毕
下午13点以后到件	次日中午12点(含)前派送完毕 次日下午14点(含)前派送完毕
偏远地区	偏远乡村的派件时效需以书面的形式上报总公司客服部，由总公司审批。各公司须根据审批结果，按时派送快件

【案例5-1】快递"最后100米"跑不快

2012年"双十一"，安徽消费者一天花掉5.27亿元，成千上万的商品被快递公司送到消费者手中。2013年"双十一"又将来临，带给快递业的除了商机，还有考验。一家快递公司老总说，不怕路上几千公里，就怕最后100米。

"最后100米"卡得难受

"刚刚出门,不好意思,麻烦你明天再来一次可以吗?"家住合肥翡翠路一小区的胡小姐,原本算准了周末家里有人,结果不巧自己刚好出门了。胡女士所住的小区以前可以代收快递,现在却统一不再代收,而自己单位又禁止快递进入,所以每次在网上买东西很方便,却常常要为到家门口的包裹费周折,"有一次没办法,专门跑到快递公司的营业部去自提的。"对于这样的情况,快递公司的业务员更加烦恼。"我们每天的投递率都是有考核的,当天如果送不到,会影响到考核,而且现在每天包裹很多,一件两件送不到还要再送一次,非常麻烦……"业内人士告诉记者,根据相关规定,快递投递通常有两次免费投递上门的服务,超过两次就需要双方约定提取地点,这样不仅给客户带来麻烦,快递企业更加承担不起。一家快递公司的老总说,"去年'双十一'时,由于快件太多,很多投递到小区的快件白天又没有人在家,所以业务员不得不晚上送快递,结果还被客户投诉,说送的时间太迟。"他感慨地说,"路上几百公里甚至几千公里都不怕,却怕这最后的100米"。

三个"药方"效果不明

眼看今年"双十一"将来临,快递包裹又将再次爆棚,这让快递企业感到很"头疼",他们想了不少新办法。

方法一:与便利店合作。

在合肥怀宁路大溪地小区附近,几十件包裹摆放在一家便利店,若不是亲眼所见,你很难想象便利店和快递公司走到了一起。事实上,如今在合肥,有不少类似的便利店或是书报亭在从事着代收代寄的业务,一方面为无法送达到收件人手中的包裹提供了一处存放地,方便客户自取,同时代收包裹每单还能赚取一定的"劳务费"。

一家负责天猫在安徽布局服务站的电子商务有限公司的负责人告诉记者,目前他们在全省有约1500家服务站,其中合肥大约有300多家,这些服务站大多数选择在学校、小区、街道附近的一些便利店、小超市之类,这些服务站是为快递公司和消费者之间在"最后100米"搭建了一个平台。大部分快递企业都正在尝试选择一些大型小区附近的书报亭或便利店,采取租用的方式,临时存放快递包裹,然后通知收件人自提。

方法二:鼓励客户自提。

"对于少数政府机关,明确规定快递是不得进入的,我们通常都会与收件人电话联系,让对方下楼自取,收件人通常也能理解,往往更难办的是一些大型小区。"一家快递公司人士告诉记者,"部分小区,物业又不愿意代收的,通常只能与客户电话约定另行送货的时间地点,或者采取对于客户自提的返还一定金额的优惠券,让其下次使用。"

另一家快递公司的负责人则告诉记者，他们现在通常的做法是在一些大型小区或学校附近找一些相对固定的点，要么干脆开一个分部，要么就是将快递的车辆临时停在那里作为流动收运点，尽可能地方便客户自提。

除了快递公司，其实很多电商均有自己的自建物流网络，同样也面临着这样的问题。一些电商将提高末端配送效率的重点放在扩大免运费的自提业务覆盖范围。

方法三：物业公司代收。

"以前包裹寄到家，没有人的话，可以直接放到门卫那里代收一下，如今换了物业公司，就彻底不再代收了。"经开区一小区的居民赵先生告诉记者。

记者随机采访了几家物业公司，其中只有少数物业公司表示可以提供代收服务，望江西路某小区物业公司工作人员告诉记者，在业主电话通知同意代收的情况下，他们会帮业主临时保管一下，然后业主凭身份证签字领取，每天至少有几十件代收件，"忙的时候确实会占用点时间"。

来源：http://www.aqzyzx.com/system/2013/11/07/006413422.shtml。

二、快件派送业务操作规范

1. 快件放置工作规范

① 信件类快件可以放在挎包或背包里，在见到客户前拿到手中及时递交签字。

② 清除信件或包裹快件上的灰尘和污垢。

③ 包裹类快件要用手夹在腰间或捧在手上，不要顶在头上或在地上拖拽，以防损坏。

2. 快件派送业务规范

① 严格按照派件程序派送，对有特殊注明加急的快件需给予一定的照顾与优先处理。

② 拜见客户前，应整理着装，准备好笔和相关票据。

③ 对于客户要求验收快件时，要积极配合处理，并耐心等待。

④ 递上快件，将贴有运单的一面向上，若是代收一定要得到客户的许可。

⑤ 客户拒签时要尊重客户意愿，及时反馈信息给公司客服人员。

⑥ 清点货款、查验签收单据无误后，礼貌地跟客户道别。

⑦ 将正常签收快件的签收单据联交公司指定人员录入系统。

⑧ 非正常签收快件需注明原因，通知寄件方，安排另外派送或其他处理。

3. 派件安全操作指导

派送安全操作指引：为了防止快件被水浸湿、污染、火烧等造成损毁；防止快件在派送过程中被盗；防止因快件外包（袋）破损而丢失快件；防止派送夹带造成快件丢失，为规范派送行为，快递企业都会针对派送操作环节制定相应的安全操作规范。

① 派件前外场交接员应与派送员清点快件单号、件数，检查包装情况，并进行书面记录。

② 司机单独送货的，将司机定义为派送人员，并做好清点、检查和记录工作。

③ 派送快件过程中须做到人和快件不得分开，尤其不得将快件包装放在自行车或摩托车上，以防被盗。

④ 收件人收件签字时，派送人员有义务提示收件人认真检查包装。

⑤ 快件签收是收件人本人时，在客户签收前派件人员应认真查看收件人身份证原件，并且要在运单存根上记录证件号码，并经过收件人签字确认后方可放件。

⑥ 快件签收为代收的，派送人员应电话联系收件人，并与其确认受托人的身份，并记录确认内容及受托人姓名、电话、证件号码，并要求代收人员签字确认后方可放件。

⑦ 收件人有疑问，须当场开包检查核实。

⑧ 收件人如有异议，须当场提出书面异议或拒收，派件人员将该快件带回，并及时通知发件公司。

⑨ 只要收件人签字接收快件，而没有当面提出书面异议，则可认定快件完成正常移交。

⑩ 派送人员必须在送件当天将相关单据及账款送给派送部，并进行交接记录确认。

> **知识链接** 邮政局出台意见提升快递末端投递服务水平

2013年10月25日，国家邮政局局长马军胜主持召开第151次局长办公会，审议并原则通过了《关于提升快递末端投递服务水平的指导意见》（简称《指导意见》）。

近年来，快递在服务民生、服务经济发展中发挥着越来越大的作用，但快递末端投递服务面临着基础设施不足、服务能力有待提升、服务方式有待创新等问题，很大程度上制约了快递服务水平的提升，影响了人民群众对快递服务的体验。为此，国家邮政局结合党的群众路线教育实践活动的开展，把出台《指导意见》作为推动行业持续发展，更好地满足人民群众对邮政行业的需求和期待的8件实事之一予以积极落实。

《指导意见》提出以多种形式提升快递末端投递服务水平。鼓励和引导快递企业因地制宜与第三方开展多种形式的投递服务合作；引导快递企业加快自有品牌末端网点建设，提高快递网络覆盖率和稳定性；鼓励企业探索使用智能快件箱等自取服务设备，提高投递效率。

来源：http://www.chinanews.com/gn/2013/10-27/5428776.shtml。

4. 快件签收注意事项

收派员将快件交给收件人时，应告知收件人当面验收快件。对于代收货款快件以及网络购物、电视购物和邮购等快件，收件人可先验收内件再签收。验收时，可对内件外观和内件数量进行清点，但不能对内件进行试用或进行产品功能测试。对普通快件，收件人可先验视包装，如果包装明显破损的，可先验收内件再签收。验收无异议后，收件人应确认签收。

（1）个人快件签收注意事项

个人签收快件时，要注意客户所签姓名与详情单书写的收件人姓名是否一致，提醒客户字迹要工整，如收件客户签字不清晰，快递业务员用正楷在签字或盖章旁边注上收件客户的全名。

（2）单位快件签收注意事项

单位签收快件时，应加盖单位公章或收发专用章。公章或收发专用章加盖要清晰和端正，每一联详情单都必须在收件人签署栏盖章，每联详情单盖章保持一致，并要求经办人签字确认。

（3）他人代收快件注意事项

对非收件人本人签收的快件，签收后应在详情单签收栏内批注代收关系、有效身份证件名称、证件号码等（图5-3）。

代收关系：	收件人堂哥
姓　名：	王××
有效证件：	身份证222403××××××××××××

图5-3 代收人信息图

任何时候快递业务员都不能代替客户签字或盖章。客户在详情单等有效单据的签收栏签字或盖章，证明收件人已接收快件，如果快递业务员代替客户签字，则不能明确责任。

【案例 5-2】业务员不该自盖收发章

李先生因没有按时收到快件，便在网上进行了查询，查询结果为快件已于收寄次日由公司所在的写字楼传达室加盖快件收发章签收了。李先生去传达室查问此事，但得到的回答是，快件登记簿没有相关的记录和签收情况。李先生又跑到网上所指明的营业网点去查询，工作人员调出该快件详情单的"派送存根联"，发现上面确实盖有写字楼的快件收发章，而收发人员又称没有收到，这是怎么回事呢？

快递企业安检人员到李先生单位的传达室了解情况时，传达室工作人员告诉他，写字楼传达室接受快件时都要登记并由收件人员签字，而这票快件找不到任何记录。安检人员听后并没有放弃，又到李先生的办公室进行查找和询问。终于在一张办公桌的角落里发现了夹在报纸中的这票快件……

案例分析：原来是传达室工作人员当时不在，快递业务员自己加盖的收发章，传达室工作人员也未登记就将该快件夹在报纸里送到公司办公室，以致好几天没人发现这票快件。由于安检人员认真负责，终于为李先生找回了快件。但此事应引起我们思考的是快递业务员不应该自己加盖收发章……

来源：中国邮政报，2009-06-04。

5. 自提件管理和操作

(1) 自提件到件通知操作方法

客服人员应在自提件到件后有序录入信息，并快速逐单通知收件人。

公司通知自提客户的常用方式如下。

① 老客户：将留有手机号码的客户全部加为"飞信"好友，与客户协商好，每天到件后可通过"飞信"通知客户，如客户当天未取，则下班前用电话通知。

② 其他手机客户：用系统自动通知客户短信平台功能通知客户，如通知未成功则使用电话进行确认。

③ 固定电话客户：可采用电话通知的方式进行确认。

④ 其他：在有条件的情况下，可采用自动语言通话设备。

所有到件通知须在班车到达后 30 分钟内通知完毕，下班后到达的以次日上班时间开始计算，通知客户时，应在原通知服务标准结束语前加上"××先生/××小姐，由于我们的班车正在卸货，建议您××分钟后过来提取"，其他要求不变。

(2) 自提快件的提取

为提高服务效率，企业一般会规范如下步骤进行自提件提取操作。

① 客服人员应在到件后将自提运单和派送运单分类。

② 客服人员应在将自提单号录入系统后与收件人进行快件确认，并告知提货地址和所需携带的证件。

③ 接待自提件客户时，应先验证客户身份证明是否真实有效，并核算费用、打印提货单。

④ 指导客户到收银处缴款盖章，并在提货单上抄录客户证件号码，请客户在指定位置签字。

⑤ 将提货单的第二联、第三联交给客户到仓库提取快件。

⑥ 仓库人员根据单据提货，并与客户确认货物，请客户在指定位置签名。

(3) 自提件办理要点

客服人员在办理自提件提取手续时，应遵循以下要点执行，以确保提货手续规范顺畅，具体要点如下：

① 电话联系自提件客户应至少拨打三次以上，如无人接听或号码有误，应在电话号码栏旁注明具体原因和最后一次拨打时间。

② 收件人为具体人名的，应持收件人的有效证件原件（身份证/驾驶证/护照）办理。

③ 客服人员应同时抄录代提人和收件人证件号。

④ 缴纳相关费用时支付现金或通过银联支付，缴纳后由财务人员开具收据。

⑤ 仓库人员应仔细清点货物件数，检查确认货物。

⑥ 仓库场外人员应协助客户搬运和装车等。

⑦ 签收时，提货人应用正楷字认真填写，客服人员应对签名和证件号码进行核查。

⑧ 代提件者必须同时提供收件人及本人的有效证件原件。

⑨ 收件人为公司名的，应持有公司证明和有效身份证件原件（身份证/驾驶证/护照）办理。

(4) 自提件管理规定

如快件超过公司规定期限未提取，应主动联系客户，并提醒其将产生仓储费用，希望客户能够尽早来提取。自提件保管期限一般为 3 天（从快件到达派件公司的当天算起），已到保管期限但收件客户仍未前来提货时，派件公司应和发件公司或办事处取得书面（必须以传真、OA 系统公告的形式）联系，协商后予以退回或继续保管。

三、例外情况

1. 改寄

在快件尚未完成投递前，寄件人可以改寄快件。寄件人在向快递服务组织提出改寄申请时,应告知改寄后的收件人姓名、地址、电话等信息;快递服务组织应及时或在承诺的时限内告知寄件人需要承担的改寄费用并告知费用标准。

2. 撤回

对尚未首次投递的国内快件,快递服务组织应提供撤回服务。寄件人在向快递服务组织提出撤回申请时,快递服务组织应告知寄件人需要承担的撤回费用并告知费用标准。

工作任务三 快件派送结算业务与异常情况处理

一、快件派送结算业务

快件派送结算业务是指到付款和代收款的收取。

1. 到付款和代收款的内容

到付款和代收款主要包含以下内容。

(1) 到付款

① 到付,是指寄件人与收件人达成共识,由收件人支付快递费用的方式。

② 到付款指收件人所支付的快递费用。

③ 到付款包括到付现金、到付记账、到付转第三方付款三种形式。

(2) 代收款

① 代收款,是指快递公司与寄件人签订协议,寄件人通过快递公司发件时由快递公司代寄件人收取的款项。

② 通常包括货款、税款、海关签贴费和商检费等。

2. 收取到付款和代收款的业务管理

收取到付款和代收款的业务管理如下所示。

① 确认派送快件为到付/代收款的快件。

② 在客户签收之前,仔细核对快件货款大小写是否相符,如发现问题,应及时通知客服人员与寄件方联系确认,同时礼貌地给客人作出相关解释,如确认无误,应致歉;如无法及时确认,应征得客户同意,表示在客户确认后第一时间送到。特殊情况可请收件客户直接联系寄件方协助处理。

③ 收款时当面清点金额、辨别真假。
④ 将货款及时上交公司财务。

3. 到付款与代收款交接

(1) 整理收款资料

业务员整理当班所派送快件的收款资料，备好当班收取的款项，包括现金和支票。

(2) 出具交款清单

由财务人员向业务员出具其本人当班负责派送区域内，应收取的到付款和代收款快件交款清单。交款清单内容包括快件详情单号、快件应收取的到付款和代收款汇总等。交款清单是财务人员向业务员收款的依据。

(3) 核对交款清单

将财务人员出具的交款清单应收款项逐一与快件收款资料的应收资费进行核对，如有差异，及时查清差异原因，进一步跟进处理。

(4) 交款签字

按交款清单的款项总额移交现金和支票。移交支票时，需在交款清单中登记支票号码。款项移交完毕，核验无差错，交接双方在交款清单上签字。财务人员向业务员开具收款票据，证明已接收款项。

4. 款项差异处理方法

到付款和代收款清单核对差异的处理方法如下。

① 由于派件人员造成营业款差异的：直接按照收款员交款清单移交营业款。

② 由于收款是指员汇总或录入人员录入差错造成营业款差异的：派件人员可申请延迟交款，待更正交款清单后再移交营业款。延迟交款需经部门负责人签字同意。

代收货款是指由快递企业利用快递网络和资源，帮助卖方递送商品的同时，代卖方向买方收取货款，其后再与卖方结算。这使得快递企业在承担商品转移责任的同时，也开始更多地负担起串联资金流的任务。代收货款业务为买卖双方规避了非面对面交易带来的信用风险，它将物流、资金流、信息流集成于一体，让更多商户在享受高效、安全遍布全国的物流体系的同时，也获得了以最快的速度回笼资金所带来的资金效率受益。

随着电子商务的快速发展，电子商务商家与快递企业的联系越来越密切，导致代收货款业务增长迅速。代收货款业务的增多，业务员所涉及的资金会越来越多，资金安全问题应引起高度重视。

【案例 5-3】快递企业代收货款乱象将止

支付宝、快钱等线上支付手段日益便捷，不过对于多数消费者来说，以一手交钱一手交货的传统方式进行网购让其感觉更加安全稳妥。但由于市场不规范，企业良莠不齐，各种拖欠货款、卷款隐匿、破产停业、泄露客户信息等现象络绎不绝，更有通过代收货款业务行骗的事件发生。

(1) 快递企业应缴纳保证金

为了解决代收货款的混乱局面，国家邮政局曾针对代收货款的具体操作问题进行调研。日前，国家邮政局已将《快递代收货款服务规范（草案稿）》（以下简称《草案》）交予国内不少快递企业进行讨论，代收货款的乱象或将得到终结。

据知情人士介绍，《草案》中针对资金流转进行了详细描述，其中要求，从事代收货款业务的快递企业应按照相关金融管理规定对代收货款业务进行处理，并接受相关部门的监督管理。《草案》中还建议快递服务组织应向加盟快递企业收缴保证金；快递企业与商家进行代收货款结算时尽量采取转账的方式，减少现金使用等，这些措施一定程度上减少了"代收货款跑路"的可能性。不过有快递企业相关负责人指出，《草案》要求快递企业对代收货款快件的内件品类、数量信息均进行详细的记录，但对于庞大的快件量操作难度较大。除此之外，保证金如何缴纳，也需要进一步明晰。

(2) 代收货款跑路频繁

记者调查发现"代收货款跑路"在全国不少省市均有出现，据业内人士透露，对那些居心不良的人来说，做代收货款来钱太快，几辆车、几个人，只需要干几个月，再要赖将供货商的款项拖几日，一旦手里的钱积攒到一个可观数额，就立即开溜，"一头是货物，一头是货款，两头都是钱，做代收货款的快递物流企业能够两头伸黑手"。行骗、卷款潜逃也让正常的代收货款服务受到了影响，有快递企业负责人向记者透露，目前不少选用代收货款的消费者在商品出现质量问题，商家不给解决或联系不到商家时转而纠缠快递员，或者收货但拒绝付款，"快递企业的义务只是送货、收钱，如果不是配送时出现问题，消费者应该明确责任去找卖家，而不是难为我们快递公司。"

作为目前代收货款的主要使用方之一，电商企业也希望通过《草案》进一步维护自身利益。国内某知名 B2C 平台相关负责人表示，对于电商企业而言，最迫切希望的是通过《草案》提高代收货款服务的准入门槛，加强快递企业施行责任制，避免出现因快递员离职出现无法返款的被动局面，同时希望有关部门能合理规范代收货款返款速度、乱收手续费的问题。

(3) 商户也需遴选

虽然"代收货款跑路"屡见不鲜，但商家的违规行为也让代收货款业务遭人诟病。记者调查发现，有不少骗子通过电话推销、淘宝网店等方式行骗，再通过快递公司提供的"代收货款"业务负责配送和收费，无形中减少了行骗的风险。

日前，有消费者向记者反映，其在淘宝上选购的移动硬盘，商家在消费者付款前关闭交易，表示将由宅急送配送，并提供货到付款服务。货物无损送到，钱货两清，但在第二天使用过程中却发现该硬盘实际上是铁棍＋芯片组成的假硬盘。该消费者按照快递单上的电话拨打卖家电话，对方始终无人接听，该消费者试图通过宅急送快递公司追回被骗钱款时，却被告知由于付款时间已过24小时，货款已经打入对方账号，同时宅急送以保护用户信息为由拒绝提供卖家的相关信息。

业内人士表示，宅急送拒绝提供委托人的信息，是为了替委托人保密，防止信息泄露，并不违反商业道德。对于目前利用代收货款骗钱的乱象，不应将矛头一致对准负责配送、收款的快递企业，面对目前诚信缺失的社会现状，快递企业也是受害者。在《草案》中要求快递企业从妥投率、发展规模、诚信度等方面遴选商家，在对商家进行全面评价的基础上开展代收货款业务合作。但有业内人士指出，对于电商企业、大型淘宝卖家可以通过销售数据等予以评价，但对于数不胜数的淘宝小卖家而言，妥投率、发展规模、诚信度等方面的数据却是无从查起，"淘宝有卖家600多万户，让快递企业如何判断"？

来源：http://news.dayoo.com/finance/201302/20/53869_29098436.htm.

二、快件派送异常情况及处理方式

在快件派送过程中会遇到各种各样情况，致使派送服务无法完成，表5-3中列出了快件派送过程几种常遇到的异常情况及其处理方式。

表5-3 快件派送过程常见异常情况及处理方式

序号	常见异常情况	处理方式
1	快件正常，客户下班、收件人不在或电话无法联系	通知公司客服人员联系寄件方确认收件人或联系方式，安排再次派送
2	快件正常，客户拒付或无钱	通知公司客服人员联系寄件方确认，或等通知安排再次派送
3	货物耗损、客户拒收、拒付	快件退回公司，等候协商处理
4	快件遗失	第一时间将遗失信息反馈给公司客服部，情节严重时可报警立案
5	客户索要收据或发票	如当时不能开给客户，应立即向客户道歉并承诺时间另行开出送达，请求客户谅解

续表

序号	常见异常情况	处理方式
6	客户需要验货、点数	尽量征得客户同意，验货及点数不能超出派件人员的时限，以保证货物的安全
7	运单填写内容有缺失，大小写金额不符或无货款金额	第一时间通知公司客服人员联系寄件方确认
8	客户拒收、拒付	退回公司妥善保管，等候处理
9	客户无理取闹或抢货	第一时间通知公司负责人并及时报警，等候处理，千万不能与客户发生争执和冲突

1. 客户搬迁、客户离职

业务员将快件送达详情单指定的收件人地点，发现客户已经搬迁或客户离职时，处理办法如下：

① 如果客户在原址贴有搬迁通告或由他人告知具体详细的新址，且详情单上有收件人联系电话，拨打收件人电话确认新址，填写改退贴纸或在详情单上进行批注，在改退贴纸的相应位置或详情单的批注处签署快递业务员的姓名或工号。新址在本人派送服务区内，应按正常派送流程及时完成该快件的派送，不能故意延误。如果新址不在本人派送的服务区内，需将快件带回营业网点并移交处理人员，办理交接手续。

如果原址有搬迁通告或由他人告知具体详细的新址，但无法与收件人联系进行确认，填写改退贴纸或在详情单上进行批注，签署姓名后进行试派。试派时注意认真核查收件人的身份证等有效证件，并将证件类型及号码批注在详情单上。既无搬迁通告也无法与收件人取得联系的快件，在改退贴纸或详情单上批注快件无法派送的原因并签署姓名工号，将快件带回营业网点并移交处理人员办理交接手续。

② 若月结客户搬迁，业务员除完成上述操作外，还需将客户搬迁的相关信息告知营业网点负责人。

2. 客户外出

(1) 个人快件

快递业务员派送快件到达客户处，发现客户因外出不能本人签收快件时，首先要根据详情单上收件人电话与客户进行联系，确定由他人代收还是再次派送。

(2) 他人代收

如果客户指定他人代收，派件时需要认真检查核实代收人员的有效证件以确认代收人员的身份。

① 不能让无关的人代收。

② 代收人必须是有完全民事行为能力的自然人。所谓"有完全民事行为能力的自然人"是指年满18周岁及以上并具有判断自己行为后果的能力及独立地处理个人事务的人。年满16周岁、不满18周岁的自然人，如果已经从事一定的职业，具有相对固定的经济收入，则法律认为他们已经具备有判断自己行为后果的能力及独立处理个人事务的能力。如由不具有完全民事行为能力的人（如儿童）代签收后，可能会因为不能及时妥善处理快件，造成快件丢失、损毁。

（3）再次派送

客户外出不能签收快件，经业务员与客户电话联系，客户没有指定由他人代收时，应与客户约定再次派送的时间。约定时间在本班次时间内，按约定时间派送。约定时间超出本班次工作时间范围，在详情单备注栏或改退贴纸上批注"客户外出，约定再派"及约好的下次派送时间，签署快递业务员姓名或工号，将快件带回营业网点交予处理人员跟进处理。

（4）单位快件

对于收件人为单位或单位内某一分支部门的快件，当派送时遇到放假，如果单位设置收发室且有收发值班人员值班，可以由收发员代签收；如果没有设置收发室或收发室无人值班，单位通知收发快件的时间，按单位通告的时间再次免费派送快件。收发室无人值班且没有通告收发时间时，留下派送通知单。下一班次免费派送快件。

3. 客户拒收、拒付

（1）外包装破损

① 客户检查快件，发现外包装破损但没影响寄递物的实际使用价值，客户愿意签收并不追究责任时，按正常快件派送。

② 因外包装破损导致内件损坏客户拒绝签收时，首先向客户道歉，礼貌地向客户征求解决问题的意见。

a. 客户拒绝签收、拒绝支付运费和代收货款时，在详情单等有效单据上批注拒收、拒付的原因，如"外包装破损，客户拒收"，"外包装破损，客户拒付运费和货款"；填写派件日期和时间；签署快递业务员姓名和工号。

b. 在派送记录单上填写外包装破损情况，请客户签字确认。

c. 进行问题件派件扫描或电话通知客户服务部门，将快件带回营业网点交予处理人员拍照登记，拍照内容包括：外包装、填充物、损坏物，并按规定办理交接手续。

(2) 内件不符

① 派送电子商务快件时,如果寄件人与快递企业签订协议,允许收件人"先验货,再签收",快递业务员按协议要求提示客户验视快件。收件人验视无异议后,签收快件。如果客户验视,发现内件不符,拒绝签收快件、拒付代收货款时,快递业务员在详情单等有效单据上批注拒收、拒付的原因,如"内件不符,客户拒收"、"内件不符,客户拒付运费和货款";填写派件日期和时间;签署快递业务员姓名或工号。

② 进行问题件派件扫描或电话通知客户服务部门。

③ 将快件带回营业网点交予处理人员跟进处理。

(3) 客户拒绝支付运费或代收货款并抢夺快件时的处理方法

① 业务员必须保持冷静,避免与客户发生冲突,不与客户争执,保证自身安全。

② 如经协商无法收回快件,须及时向派送处理点负责人通报情况,并尽快向客户服务部门备案说明。

③ 如客户暴力抢件,拨打110求助。

4. 丢失快件

① 立即上报营业网点负责人及客户服务部。如不知道丢失件单号,请营业网点负责人或客户服务人员查找丢失件单号。

② 在不影响其他快件安全和派送时效的情况下,应第一时间寻找丢失快件。

③ 如当班时间内无法找回丢失的快件,按时派送其他快件。

5. 无着快件

无着快件的信件,自快递服务组织确认无法退回之日起超过6个月无人认领的,由快递服务组织在邮政管理部门的监督下销毁。其他无着快件,自快递服务组织确认无法退回之日起超过3个月的,由快递服务组织在邮政管理部门的监督下进行开拆处理,开拆时应:

① 对因寄件人或收件人信息缺失而导致的无着快件,能从拆出的物品中寻找收件人或寄件人信息的,应继续尝试投递或退回;

② 存款单、存折、支票,应寄交当地人民银行处理,其他有价证券,应寄往发行证券的机构处理;

③ 金银饰品,应向当地银行兑换成现金后由邮政管理部门上缴国库;

④ 本国货币,应由邮政管理部门上缴国库,外国货币,应兑换成人民币后由邮政管理部门上缴国库;

⑤ 户口迁移证、护照和其他各种证书,应送发证机关处理。

6. 突遇交通堵塞、交通事故

① 及时与营业网点主管人员和客户服务部门取得联系，报告突发事故的具体情况及所在位置的详细地址。

② 交通堵塞时，预计短时间内能通行，按原计划路线正常派送；如长时间不能通行，改走其他路线，需要向营业网点主管人员汇报。

③ 遇有交通事故不能继续完成派送任务时，第一时间报案并及时向营业网点主管人员及客户服务部门报告，保护好现场及快件；如有人员伤亡，拨打120急救电话求援；耐心等待交警及企业增援人员。

知识链接　异常快件验包后签收

收快件时，是先签收、再验包；还是验包后再签收？广东省政府官方网站昨日全文公布了《广东省快递市场管理办法》，该《办法》将于2013年7月1日起施行。

对于验包和签收的顺序问题，《办法》作了明确规定："经营快递业务的企业在投递快件时，应当告知收件人当面验视快件包装。快件包装完好、重量相符的，收件人应当签收。外包装出现明显破损等异常情况的，收派员应当告知收件人先验收内件，收件人确认无破损后再签收。国家对快件验收另有规定的，从其规定。"

也即是说，如果快件包装完好、重量相符，就可以先签收了。只有在包装出现明显破损等异常的情况下，才需要打开包裹验收内件后再签收。

来源：http://gzdaily.dayoo.com/html/2013-05/21/content_ 2252979.htm.

工作任务四　派送路线设计

一、派送路线设计的意义

合理设计派送路线，一方面有利于满足快件的时效要求，实现派送承诺；另一方面节省业务员行驶和派送时间，可以减轻业务员的劳动强度，提高业务员劳动效率；同时，减少空白里程，减少车辆损耗，节省派送运输成本。因此，在派送前进行派送路线的合理设计具有重要的意义。

派送路线设计主要是整合影响派送运输的各种因素，根据现有的运输工具及道路状况，对派送路线做出选择，及时、安全、方便、经济地将快件准确送达客户手中。

收派员应当根据自己的服务区域，按照最佳投递路线将快件按序整理装车；投递前，收派员应当电话联系收件人，确认客户地址并且预约投递时间。

二、派送路线设计的原则

1. 优先派送优先快件

优先派送的快件主要包括以下三种类型。

(1) 时限要求高的快件

如有限时送达要求的，需要优先派送。限时快递是快递企业承诺在约定时间点之前，将快件送达客户的快递服务，如限时送达生日礼物、结婚贺礼等。

(2) 客户明确要求在规定时间内派送的快件

如等通知派送的快件，需要在客户要求的时间完成派送。等通知派送的快件是根据寄件客户的要求，快件到达目的地后暂不派送，待寄件客户通知后才安排派送的快件。对于等通知派送的快件，客户通知派送时，一般情况下，派送时限要求较高，必须在客户要求的时间完成派送。

(3) 二次派送的快件

首次派送不成功的快件，因为快递业务员在给客户留写派送通知单或与客户电话联系时，约定了第二次派送的具体时间，所以成为时限要求较高的快件，为了保证时限要求，必须优先派送。客户要求再次派送的快件，应安排优先派送。

2. 优先派送保价快件

对于客户来说，保价快件一般具有价值高、重要性比较强等特点。保价快件一旦丢失，会给快递企业和客户带来巨大的损失。快递业务员携带保价快件路上行走时间越长，快件丢失或损毁的可能性越大。为了降低风险，在不影响其他快件派送的情况下，优先派送保价快件。

3. 先重后轻，先大后小

由于重件或体积大的快件的装卸搬运劳动强度大，优先派送，既可减轻全程派件的作业难度，也可减少车辆磨损和能耗。

4. 减少空白里程

空白里程是指完成当班次所有快件的派送行走路线的实际距离减去能够完成所有快件派送的有效距离。空白里程的产生不仅增加了运输服务成本和业务员的劳动时间和劳动强度，还影响快件的派送时限。为了减少空白里程，需要做好以下几个方面的工作：

① 业务员应熟悉掌握派送段内每路段、街道所包含的门牌号。如派送段内包括商场、学校、超市等场所，需要了解其布局，确保能以最短距离到达客户处。

② 快件排序时，注意将同一客户的多票快件排在一起一次派送。

③ 对于同一送段，应掌握多条派送路线，选择最短的路径进行派送。

④ 及时掌握派送段内的交通和路况信息，避免因交通管制或道路维修而绕路，增加空白里程。

三、派送路线结构

派送路线主要结构形式有三种：辐射形、环形和混合型。

1. 辐射形路线

辐射形路线是指从营业网点出发，走直线或者曲折线的路线。这种路线的优点为运行简单，适于客户分散、派送路程远的情况（如图 5-4 所示）。缺点为往返程多为空车行驶，里程利用率低。

2. 环形路线

环形路线是指业务员从营业网点出发单向行驶，绕行一周，途中经过各派件客户所处的地点，回到出发的营业网点的路线（如图 5-5 所示）。环形路线适合于商业集中区、专业批发市场等客户较为集中的派送段派送路线的设计。环形路线的优点为不走重复路线，缺点为快件送到最后几个派送点的时间较长。

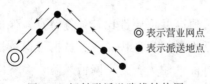

图 5-4　辐射形派送路线结构图

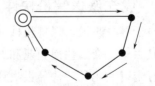

图 5-5　环形派送路线结构图

3. 混合型路线

混合型路线是指包含辐射形和环形两种结构形式的路线，混合型路线适合于商住混杂区，设计时要综合考虑里程利用率和派送时效。

四、设计派送路线时要考虑的影响因素

在快件派送路线设计的过程中,影响派送效果的因素很多,主要包括以下三个方面:

① 时限因素。时限要求较高的快件优先设计,优先派送。
② 动态因素。如天气、车流量变化、道路施工、客户更址、车辆变动等。
③ 静态因素。如客户的分布区域、道路交通网络、建筑楼群布局等。

各种因素互相影响,很容易造成派送不及时、派送路径选择不当、延误客户收件时间等问题。因此,设计派送路线时要综合考虑影响派送运输的动、静态各种因素,以满足快件的时效要求,实现服务承诺,同时要满足安全派送、降低成本、提高效益的派送要求。

五、派送路线设计的方法

1. 传统经验组织法

(1) 单侧行走

单侧行走是指派送快件时靠路的一侧行走。适用情况:街道较宽、房屋集中,派送数量多而行人、车辆稠密的街道。

(2) "之"字形行走

"之"字形行走是指派送快件时沿路的两侧穿梭行走。适用情况:街道狭窄,派件数量少,行人、车辆也稀少的街道。

(3) 单侧行走与"之"字形行走相结合

这种走法适用于街道特点有明显不同的派送段。

2. 运筹选择法

运筹选择法是运用运筹学的相关原理,在规定设计派送路线时,选择合理派送路线,以加快快件派送速度,并合理节约人力。常用的方法是最短路径设计法。

情景小结

本情景首先介绍了快件派送前的准备工作,重点介绍了快件派送的基本操作流程、快件派送的操作规范、自提件的操作流程及快件派送过程中可能出现的异常情况及其处理方式,接着分析了快件派送的结算业务操作流程及派送路线的优化方法。

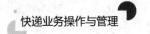

实训项目

1. 掌握快件派送的基本业务流程
2. 训练内容：根据快件派送的业务流程分角色模拟操作

序号	流程活动	流程活动说明
1	派前准备	准备好需要使用的操作设备、单、证等
2	快件交接	领取属于自身派送范围的快件，当面确认件数
3	检查快件	逐个检查快件，如有异常将异常件交回处理人员
4	快件登单	通过手工或系统，对交接的快件完成派件清单的制作
5	快件排序	根据快件派送段地理位置、交通状况、时效要求等合理安排派送顺序
6	送件上门	将快件安全送达到客户要求的地点
7	核实身份	查看客户或客户委托为签收人的有效身份证件
8	提示客户检查快件	将快件交给客户进行检查
9	确认付款方式	确认到付快件的具体付款方式
10	收取资费及代收款	向客户收取到付资费及代收款
11	指导客户签收	指导客户在客户签字栏签全名
12	信息上传	客户签收后，立即使用扫描设备做派件扫描
13	返回派送处理点	妥善放置无法派送的快件
14	运单及未派快件的交接	清点已派送快件的运单、无法派送的快件数量，核对与派送时领取的快件数量是否一致
15	信息录入	将已派送快件的相应信息准确、完整、及时地录入系统
16	交款	将当天收取的款项交给派送处理点的相应处理人员

3. 实施步骤

（1）3~4人一组分别扮演点部收款员、派送员、客户A和客户B的角色。

（2）针对两票货物分别派送给客户A和客户B，客户A需要代收货款，客户B发现货物外包装破损拒收货物，针对以上两种情况，分组进行模拟练习。

（3）组织展开讨论，在流程模拟过程中的处理方式是否得当。

4. 检查评估

能　　力	自评 （10%）	小组互评 （30%）	教师评价 （60%）	合计
业务流程操作的准确性（30分）				
信息处理能力（10分）				
表达能力（20分）				
创新能力（10分）				
应变能力（30分）				
综合评分				

思考与练习

1. 快件派送前的准备工作包括哪些？
2. 快件派送的基本作业流程是什么？
3. 常见的快件派送异常情况及其处理方式是什么？

学习情景六
快递保价与赔偿

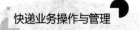

工作任务一 快递服务合同的订立与履行

一、快递服务合同的概述

1. 快递服务合同的概念

根据我国邮政局于2007年9月12日发布的邮政行业规范，其中明确规定快递服务是指快速收寄、运输、投递单独封装的、有名址的快件或其他不需储存的物品，按承诺时限递送到收件人或指定地点并获得签收的寄递服务，包括收寄、投递、签收等环节。快递服务合同是寄件人（投递人）与快递服务组织之间订立的关于快递服务活动中双方权利义务关系的协议。

2. 快递服务合同的法律特征

虽然我国《合同法》对快递服务合同未进行专门规定，但对照《合同法》分则关于合同的规定，快递服务合同在性质上属于货运合同的一种。所谓货运合同是指托运人与承运人之间缔结的，以承运人将约定货物从起运地点运输到约定地点并交付给收货人的合同。快递服务合同和货运合同在性质上有相同之处，但由于快递服务的特殊性质，使得快递服务合同具有以下法律特征。

(1) 快递服务组织必须是已获得快递服务经营许可的企业法人

《合同法》第九条规定："当事人订立合同，应当具有相应的民事权利能力和民事行为能力。当事人依法可以委托代理人订立合同。"作为快递服务组织必须具备从事快递服务的资格，必须取得从事快递服务的营业许可，这是国家对快递服务组织的行政管理要求。《中华人民共和国邮政法》第五十二条规定，申请快递业务经营许可，应当具备的条件之一是符合企业法人条件。《快递市场管理办法》第九条规定："国家对快递业务实行经营许可制度。经营快递业务，应当依照《中华人民共和国邮政法》的规定，向邮政管理部门提出申请，取得快递业务经营许可；未经许可，任何单位和个人不得经营快递业务。"因此，在我国，快递服务组织应当是在工商行政管理机关登记，已取得快递服务经营许可的企业法人，个人不得独立对外经营快递业务。

根据《中华人民共和国邮政法》第五十二条和《快递业务经营许可管理办法》第六条的有关规定，申请经营快递业务应具备下列条件：

① 符合企业法人条件；

② 在省、自治区、直辖市范围内经营的，注册资本不低于 50 万元，跨省、自治区、直辖市经营的，注册资本不低于 100 万元，经营国际快递业务的，注册资本不低于 200 万元；

③ 与申请经营的地域范围相适应的服务能力；

④ 有严格的服务质量管理制度，包括服务承诺、服务项目、服务价格、服务地域、赔偿办法、投诉受理办法等，有完备的业务操作规范，包括收寄验视、分拣运输、派送投递、业务查询等制度；

⑤ 有健全的安全保障制度和措施，包括保障寄递安全、快递服务人员和用户人身安全、用户信息安全的制度，符合国家标准的各项安全措施，开办代收货款业务的，应当以自营方式提供代收货款服务，具备完善的风险控制措施和资金结算系统，并明确与委托方和收件人之间的权利、义务；

⑥ 法律、行政法规规定的其他条件。

(2) 快递服务合同的标的是快递服务组织的快递服务

快递服务要求提供的是一种门到门或手到手的便捷式服务，快递服务对象不必亲自到快递服务组织经营场所寄送或领取物品，只需要电话与快递服务组织联系，其工作人员就能够及时提供上门服务。而且，快递服务还可以通过特别约定灵活地满足不同服务对象的特殊要求。快递服务注重的是个性化、便利化，与货物运输合同相比，快递服务合同具有更大的便捷性和时效性。

(3) 快递服务合同是双务、有偿合同

快递服务合同是双务、有偿合同，体现在快递服务合同中往往约定由快递服务组织提供快递服务、收取服务费用，寄件人或收件人享有权利、支付费用。

(4) 合同内容格式化

快递服务组织从效率和利益角度考虑，快递服务合同一般采取格式条款（快递单）形式订立。格式条款又称为标准条款，是指当事人为了重复使用而预先拟定并在订立合同时未与对方协商的条款，如保险合同、拍卖成交确认书等，都是格式合同。

(5) 快递服务合同是无名合同

根据法律是否赋予特定合同名称并设有专门规范，合同可以分为有名合同与无名合同。有名合同，也称典型合同，是法律对某类合同赋予专门名称，并设定专门规范的合同，如《合同法》分则所规定的十五类合同。无名合同，也称非典型合同，是法律上未规定专门名称和专门规则的合同。快递服务合同并不属于合同法分则明确规定的合同种类，属于无名合同。

知识链接 快递服务的立法现状

目前我国仍没有一部专门、系统地调整快递法律关系的部门法。2009年4月24日通过并于2009年10月起施行的经中华人民共和国第十一届全国人大常务委员会第八次会议修订的《中华人民共和国邮政法》（以下简称新《邮政法》）专章对快递服务进行了规定，确立了快递服务的法律地位，明确了快递经营规范。目前与快递服务直接相关的法律法规还有《合同法》、《民法通则》、《交通运输法》等。其次，在新《邮政法》施行前后，《快递市场管理办法》、《快递业务经营许可管理办法》、《邮政行业安全监督管理办法》等部门规章也相继出台。与中央立法同步，邮政地方立法也取得了长足进展。截至2012年9月，《邮政法》公布后出台的邮政地方性法规有《河北省邮政条例》、《上海市实施＜中华人民共和国邮政法＞办法》等。大多数邮政地方立法均对快递服务作出了专章规定。除上述法律规范外，国务院邮政管理部门还制定了有关快递管理的规范性文件和快递服务标准，主要有：《快递业务经营许可年度报告规定》、《邮政业消费者申诉处理办法》、《快递业务员职业技能鉴定办法(试行)》、《快递企业等级评定管理办法》、《快递业务操作指导规范》、《邮政行业安全防范工作规范》等。与快递有关的标准主要有：快递服务、快递封装用品和快递运单等国家标准以及城市快递服务汽车选用规范等行业标准。

3. 快递服务合同的分类

(1) 国际快递服务合同和国内快递服务合同

在我国，国际快递服务合同是取得邮政管理部门颁发的国际快递业务经营许可证、具有国际货物运输代理资格的企业作为承运人与寄件人签订的快递服务协议，国内快递服务合同是取得邮政管理部门颁发的快递业务经营许可证、具有国内快递业务经营资格的企业与寄件人签订的快递服务协议。国际快递服务合同承运人的经营资格与国内快递服务合同承运人相比，在注册资金、企业规模等方面受到更加严格的限制。国际快递服务合同相关单据主要以英文或法文来填写，并且主要依据国际公约以及寄件人、快递服务组织或收件人的国内法来设定合同条款，同时还有可能涉及快件中转国的法律；国内快递服务合同一般使用本国语言文字，而且不涉及国外法律，主要适用国内法。

(2) 普通快递服务合同和增值快递服务合同

这是按照快递服务组织是否为快递服务对象提供额外增值服务对快递服务

合同所作的划分。增值快递服务合同是指在普通快递服务合同的基础上，快递服务组织将寄件人针对快递服务提出的额外需求作为合同的补充条款记录在案，并作为向寄件人提供增值服务凭据的一类快递服务合同。因额外增值快递服务实际增加了快递服务组织的运营成本，快递服务组织往往会额外收取相应费用。

(3) 寄付快递服务合同和到付快递服务合同

根据支付快递服务费用主体不同，可将快递服务合同分为寄付快递服务合同和到付快递服务合同。由寄件人支付费用的合同为寄付快递服务合同，由收件人支付费用的合同为到付快递服务合同。两类合同的区别在于，前者是由寄件人在交寄快件时或者约定的时间内支付快递服务费用，而后者是由收件人在签收快件时或者约定的时间内支付快递服务费用。

(4) 有第三人的快递服务合同和无第三人的快递服务合同

根据快递服务涉及的主体，可将快递服务合同分为有第三人的快递服务合同和无第三人的快递服务合同。通常情况下，寄件人与收件人并非同一人。寄件人与快递服务组织签订合同，约定快递服务组织按时将货物递送给收件人并获得签收，此时收件人为快递服务合同的第三人，有其自身的权利和义务。

二、快递服务合同的主要形式和主要条款

1. 快递服务合同的主要形式

快递运单是快递服务合同的主要形式。快递运单由快递服务组织在收取快件时向寄件人签发，正面反映的是快递服务的基本信息（主要为寄件人、收件人的联系地址和方式），背面列明的是快递服务条款（通常为快递服务组织事先拟定的格式条款），这些内容构成了快递服务合同的核心。

2. 快递服务合同的主要条款

快递运单为快递服务格式合同。快递运单的格式条款应符合法律规定，体现公平、公正的原则，文字表述应真实、简洁、易懂。快递运单的内容应包括：

① 寄件人信息，主要包括寄件人的名称、单位、地址、联系电话。

② 收件人信息，主要包括收件人的名称、地址、单位、联系电话。

③ 快递服务组织信息，主要包括快递服务组织的名称、标识、联系电话。联系电话应稳定、有效，在发生变更时应及时通知有关消费者。

④ 快件信息，主要包括货物的品名、数量和重量、价值、封装形式。

⑤ 费用信息，主要包括快递服务的计费项目及金额、付款方式、是否保价（保险）及保价（保险）金额。

⑥ 时限信息，主要包括收寄时间、投递时间。

⑦ 约定信息，主要包括双方约定事项，包括产生争议后处理途径、寄件人对快递运单信息的确认。

⑧ 背书信息，主要包括快递查询方式与期限、顾客和快递服务组织双方权利与责任、顾客和快递服务组织产生争议后的解决途径（包括顾客可与快递服务组织协商、向消费者权益保护组织投诉、向行政部门申诉、向仲裁机构申请仲裁、向人民法院起诉等方式）、赔偿的有关规定。

⑨ 其他条款。

三、快递服务合同的订立和履行

1. 快递服务合同的订立

依据《合同法》的规定，合同的订立必须经过要约和承诺两个阶段，快递服务合同也不例外。要约是一方向对方发出的、希望与对方订立合同的意思表示。要约可以通过电话、传真、邮件、口头等多种形式表示。发出要约的一方为要约人、接收要约的一方为受要约人。承诺是受要约人在合理期限内完全同意要约内容的意思表示。

快递服务合同自寄件人与快递服务公司工作人员双方在合同上签字时生效。如天天快递在其面单契约中规定快递服务合同自寄件人、揽件公司收寄员在快递运单上签字或盖章后成立。

2. 快递服务合同的履行

合同的履行是指当事人按照合同的规定行使权利和履行义务，从而实现当事人订立合同的目的行为。从快递服务组织的角度出发，快递服务合同的履行包括收寄快件、运输快件和投递快件三个环节。

3. 采用格式条款订立快递服务合同的注意事项

格式条款是当事人为了重复使用而预先所拟定，并在订立合同时未与对方协商的条款。为维护公平、保护弱者，法律法规对格式条款进行了限制，快递服务组织采用格式条款订立合同时应注意以下事项：

① 快递服务组织应当遵循公平原则确定当事人之间的权利和义务，合理设置合同内容。

② 快递服务组织应采取合理的方式提请寄件人注意免除或者限制其责任的条款，按照寄件人的要求对该条款予以说明。"采取合理的方式"是指快递服务组织对格式条款中免除或者限制其责任的内容，在合同订立时采用足以引起寄件人注意的文字、符号、字体等特别标识，并按照寄件人的要求对该格式条款

予以说明。

③ 格式条款中免除快递服务组织责任、加重寄件人或收件人责任、排除寄件人或收件人主要权利的，该条款无效。

④ 对格式条款的理解发生争议的，应当按照通常理解予以解释。对格式条款有两种以上解释的，应当作出不利于提供格式条款方快递服务组织的解释。格式条款和非格式条款不一致的，应当采用非格式条款。

⑤ 采用格式条款就以下事项进行免责的，该条款无效：a. 造成对方人身伤害的；b. 因故意或者重大过失造成对方财产损失的。

四、快递服务合同主体的权利和义务

快递服务合同的主体就是快递服务合同权利义务的承担者，即快递服务合同的当事人。快递服务合同的一方当事人是快递服务组织，类似于货运合同中的承运人，另一方当事人是快件的寄件人。快递服务组织和寄件人自有相应的权利和义务，但是当收件人与寄件人非同一人时，收件人作为第三人又与快递服务合同有着密切的联系。

1. 寄件人的权利与义务

(1) 寄件人的权利

① 对快递服务组织的给付请求权。给付请求权是指请求债务人按照合同的约定或法律的规定履行义务的权利，是债权人实现权利、取得利益的基本方式。在快递服务合同中，寄件人与快递服务组织签订快递服务合同的目的主要就是通过快递服务组织将快件快速完好递送至收件人处，从而清偿自己在基础合同中对收件人承担的交付义务。快递服务合同生效后，寄件人有权请求快递服务组织及时将货物送到收件人手上。

② 对快递服务组织的损害赔偿请求权。"第三人利益合同的解除不影响损害赔偿请求权，允诺人或受诺人在因对方过错造成合同解除而遭受损害之时，可请求对方损害赔偿。"既然寄件人有向快递服务组织请求向收件人给付的权利，如果快递服务组织不履行义务，寄件人便能够寻求司法救助。寄件人参与诉讼的方式有两种：a. 以原告身份独立提起对快递服务组织的诉讼；b. 在收件人对快递服务组织提起的诉讼中作为有独立请求权的第三人参与诉讼。但是寄件人与收件人在损害赔偿请求权的内容上又存在一些差异。在快递服务合同中，快递服务组织违约行为对寄件人造成的损害其实并非直接，直接受损者是收件人。举例说明，收件人急需一批货物用于生产，寄件人通过快递服务组织将该批原材料运送给收件人，但是由于快递服务组织迟延交付，使得收件人耽误了

生产受到了很大损失。所以寄件人的损害赔偿请求权只能针对快递服务组织违约行为给自己造成的损失进行,而无权要求赔偿收件人的损害。

③ 合同解除权。在由于快递服务组织违约引起法定或约定的合同解除条件出现时,寄件人可以行使合同解除权,但是由于收件人是利益第三人,此时寄件人行使合同解除权不能随意而为,应该获得收件人的同意。举例而言,由于大雪封路,原定在 3 日内到达的快件可能要 15 日才能送达,此时寄件人需征得收件人同意后才能够取消运输,解除快递服务合同。因为不排除收件人并不着急收取快件,愿意等待 15 日而并非解除该合同。

④ 查询权。《邮政法》规定,用户交寄给据邮件后,对国内邮件可以自交寄之日起一年内持收据向邮政企业查询,对国际邮件可以自交寄之日起 180 日内持收据向邮政企业查询。

(2) 寄件人的义务

① 告知义务。寄件人应向快递服务组织准确、如实告知收件人和所需寄送物品的基本情况(如收件人的姓名、地址、联系方式,快件内物的名称、数量等内容),否则所产生的法律后果由寄件人自行承担。

② 合理包装义务。寄件人应按照国家相关规定对所需寄送的物品进行合理包装。

③ 向快递服务组织交付快件并接受验视。寄件人不得寄递快递行业主管部门及其他行政管理部门规定的禁、限寄物品,否则快递服务组织有权拒绝收寄。违法交递的法律后果由寄件人承担。寄件人不得寄递或者在邮件、快件中夹带下列物品:法律禁止流通或寄递的物品;反动报刊、宣传品或者淫秽物品;爆炸性、易燃性、腐蚀性、放射性、毒害等危险物品;妨害公共卫生的物品;容易腐烂的物品;各种活的动物;各种货币;不适合寄递的物品;包装不妥,可能危害人身安全,污染或者损毁其他邮件、快件、设备的物品等。

④ 在寄付快递服务合同中,寄件人还负有支付快递服务费用的义务。

⑤ 在将快件交寄后应及时通知收件人,并将快递服务组织名称和运单编号告知收件人,以便收件人行使权利。

⑥ 在快递服务组织履行完毕递送交付义务之前,有协助收件人查询、督促的义务。该义务其实也是一种权利。相对于快递服务组织而言,寄件人有权对快件运输情况进行查询和督促,但是收件人也有此权利,且在收件人行使该权利不便时,寄件人有协助其查询、督促快递服务组织按约履行合同的义务。

2. 快递服务组织的权利与义务

(1) 快递服务组织的权利

① 收取快递服务费的权利。快递服务组织提供了快递服务，有权按照规定收取合理的快递服务费，这也是快递服务组织订立快递服务合同、提供快递服务的最终目的之所在。

② 拒绝返还快递服务费的权利。当收件人无故拒绝受领快件而快递服务组织提供快递服务没有任何过错时，快递服务组织有权拒绝返还快递服务费。

③ 留置权。快递服务组织当未收到快递服务费，或快递服务合同无效或被撤销时，对快件享有留置权。

(2) 快递服务组织的义务

根据合同法的相关规定，快递服务组织应当全面履行其合同义务。在快递服务合同中，快递服务组织提供快递服务主要有收寄快件、运输快件和投递快件三个环节，在不同环节中具有不同的给付义务。

第一，在收寄环节中的义务。根据《邮政法》和《快递业务操作指导规范》的相关规定，快递服务组织在收寄快件时有对快件进行验视的义务。实际上，对快递服务组织而言，验视寄件人交寄的快件既是一种义务，又是一种权利。根据有关部门对快递服务组织业务操作的监管要求，快递服务组织在收寄快件时必须进行验视，此时验视快件是一种义务；而快递服务组织在寄件人交寄快件时，有权要求验视快件并在寄件人拒绝验视时拒绝收寄，此时又可将验视快件看待为快递服务组织的一种权利。当寄件人拒绝验视，或快件内物经验视不属于国家规定的可以邮寄的物品范围时，快递服务组织有权拒绝收寄。当快件经验视合格可以予以收寄时，快递服务组织又有受领寄件人交付的快件及相关必要文件的义务。

第二，在运输环节中的义务。在此环节中，快件会被分拣、封发、装载和运输，不管处于何种处理进度中，快递服务组织均有对快件谨慎规范处理、妥善恰当保管的义务。如果在运输环节中发生了快件毁损、灭失等情形，快递服务组织应承担相应的赔偿责任。同时，在快件未经收件人签收、快递服务合同未履行完毕前，快递服务组织还有遵从寄件人指示的义务。因为根据法律的相关规定，此时快件的所有权依然归寄件人所有，寄件人可以随时改变指示，但应承担快递服务组织由于该指示受到的损失。

第三，在投递环节中的义务。此环节中，快递服务组织的义务主要有：

① 按照约定安全、快捷、及时地将快件递送给收件人并获得签收。

② 及时通知收件人收取快件，并允许收件人当面验收快件内物。快件的递

送与交付是快递服务组织履行快递服务合同的主要环节,《快递业务操作指导规范》以及新出台的快递服务国家标准都明确规定了快递服务组织有告知收件人当面验收快件、查看内容物的义务。

③ 收件人未能及时收取快件的,免费为其再次递送。根据我国快递服务行业标准和国家标准的相关规定,收件人第一次因故未能及时收取快件的,快递服务组织应该免费至少为其再递送一次。收件人两次仍未收取的,快递服务组织可以代为保管或要求其到业务网点自行领取。收件人仍需要快递服务组织上门投递的,快递服务组织可以向其收取额外的费用,但应事先将符合国家规定的收费标准予以告知。

当快递服务组织不履行合同义务或履行有瑕疵时,寄件人和收件人都对其享有损害赔偿请求权,从而导致其可能要承担双重责任,这显然对于快递服务组织又是不公平的。英国和美国的合同法中的做法是,根据起诉时请求赔偿主体的不同来判决快递服务组织赔偿不同的款项。当寄件人起诉时,可能判决快递服务组织赔偿寄件人因其违约而支付给收件人的费用;当收件人起诉时,法院应在寄件人已经补偿给收件人的范围内予以扣减,而只支付给其不足的部分,并且还要使快递服务组织向寄件人补偿其已支付给收件人的部分,从而平衡三方的利益。

3. 收件人的权利与义务

(1) 收件人的权利

① 请求及时投递快件的权利。收件人有权直接请求快递服务组织按照合同约定快速及时、完好无损的将快件交付给自己。例如,收件人通过寄件人提供的运单编号对快件运输情况进行查询时,发现快递服务组织收下快件后停留在某仓库并未及时发出,收件人可通过网络或电话联系请求快递服务组织赶快派送,此即为一种给付请求权。

② 签收快件的权利。收件人作为利益第三人有权签收快递服务组织运送的快件。收件人在签收快件时,一般快递服务组织工作人员会提前通过短信或电话等方式与收件人取得联系,在此过程中,收件人根据自己的实际情况可以对权利内容进行相应的变更,如可以变更运送地址、更改收货时间等,以更好地受领快件。收件人在签收快件时,还享有对快递服务组织交付的快件予以验收的权利。收件人经查看检验,认为快件的包装及内物均完好无损时,再予以签收。当发现快件包装有破损、内物有损坏或缺少等异常情况时,可以拒绝签收,不予受领。收件人本人无法签收时,经收件人(寄件人)委托,可由其委托的代收人签收。实际上,签收快件对于收件人来说,是权利与义务的结合体。收

件人在表示接受权利后,应该负担接收快件的履行义务。比如说,快递服务组织工作人员将送件时间通知收件人后,收件人应该按时至约定地点取货,否则将会使快递服务组织产生人工及时间上的额外耗费,给快递服务组织造成不便和损失。

③ 索赔的权利。收件人收取快件时,应按照规定对快件进行检验,发现货物有损毁灭失的,有权向快递服务组织索赔。

(2) 收件人的义务

在快递服务合同中,收件人有在快递服务组织与其联系时给予配合、及时受领给付、告知寄件人快递服务组织履约情况、验收快件后签字确认等附随义务。在到付快递服务合同中收件人应在签收快件时或者约定的时间内支付快递服务费用。

工作任务二 快递保价

【案例 6-1】保价金额未实写 快递钻戒丢失只赔两千

2012 年 3 月 22 日,原告颜先生通过被告洛阳市邮政局向云南瑞丽发了一份国内特快专递邮件,国内特快专递邮件详情单里主要载明了"寄件人颜某,内件品名为饰品,数量为一件,重量为 146 克,保价金额为 2000 元,邮资费用为 41 元"。该邮件背面业务使用须知中第 6 条规定:国内特快专递业务提供保价服务,邮件是否保价由寄件人自愿选择,保价最高限额为十万元。如需保价,寄件人应据实申报保价金额并按规定交纳保价费,未按规定交纳保价费的邮件,不属于保价邮件。第 7 条规定:保价邮件如发生丢失、损毁或短少,按实际损失价值赔偿,但最高不超过相关邮件的保价金额等。后原告多次查询,得知所寄物品并未到达目的地,证明该邮件在运输途中已丢失。被告洛阳市邮政局并不认可所寄物品是翡翠钻戒而是原告所说的"饰品",愿意赔偿原告 2000 元。原告以该快递内含有一枚价值 48000 元的翡翠钻石戒指及鉴定证书要求被告返还原告的邮寄物品或赔偿因所邮物品丢失给原告造成的损失 48000 元。

法院经审理认为,原告将邮寄物品交由被告洛阳市邮政局邮寄,并支付资费、保价费等费用,该邮寄服务合同即成立。依法成立的合同,自成立时生效。本案中,被告作为邮寄机构应提供迅速、准确、安全、方便的服务,但由于被告过失,使原告所寄物品全部丢失,故被告应承担相应的赔偿责任。原告在邮寄物品时,被告已履行了提示、告知义务,明确规定原告邮寄物品应按保价金额进行如实填写，保价邮件如发生丢失、损毁，按最高不超过相关邮件的保价金额进行赔偿，原告没有按照邮寄要求，如实填写所保物品真实价值，因此应承担由此所产生的风险。原告的诉讼请求不能成立。故被告应按保价额2000元赔付原告，并应将邮资费用41元退给原告。根据《中华人民共和国合同法》有关规定，判令洛阳市邮政局付给原告颜某2000元并返还原告41元邮资。

来源：http://court.gmw.cn/html/article/201305/16/128489.shtml.

一、快递保价的概念

快递是一个高风险行业，运输途中，各种自然灾害的发生难以预料。快递服务组织者收取低廉的服务费，却要承担巨大的风险，是不公平的。因此，在快递行业实践中，众多快递公司借鉴保价运输的限额赔偿制度，在快递服务合同中加入保价条款来限制自己的责任和降低风险，从责任风险平衡这一点看，保价条款有其存在的合理性。

所谓保价，是指由寄件人声明货物价值，并支付相应比例的保价费用。保价条款是指约定快递服务合同中寄件人在缴纳运费之外，根据声明价值按照一定比例缴纳一定的保价费，从而在货物出现毁损灭失时，在所保价值范围内获得足额赔偿的有关条款。"保价条款"一般约定为：保价货物发生损失的，快递服务组织按照损失与保价金额的比例承担赔偿责任。

EMS邮政特快专递服务与快递最相似，都是为顾客派送物品，区别在于，一个是国有公司，一个是民营企业。在邮政业也早有保价条款的行业惯例。新《邮政法》用专章明确了快递公司的法律地位，虽然不属于邮政企业，但是可以适用《邮政法》的相关规定。关于邮件的损失赔偿的规定，适用于快件的损失赔偿。因此，快递企业拟定保价条款有法可依。

知识链接 保价运输的产生

18世纪80年代，利用"契约自由"原则，当时的英国航运资本家在海运提单条款中几乎任意规定免责条款。到了19世纪末20世纪初，这种免责条款一度多达六七十种，其结果导致货主几乎承担了货物在海上运输过程中的一切风险。鉴于承运人不负过失责任制度引发的贸易界与航运界矛盾的加深以及与主流经典理论的背道而驰，承运人不负过失责任制便不再适应实践发展的需要。1921年《海牙规则》规定了承运人最低限度的责任，在一定程度上制止了承运人在提单中滥用免责条款的做法。但是，海上运输毕竟是一种高风险作业的行业，为保护船舶所有人的利益，《海牙规则》同时又规定承运人赔偿责任的限额制度，第 4 条第 5 款规定："承运人或是船舶，在任何情况下对货物或与货物有关的灭失或损害，每件或每计费单位超过一百英镑或与其等值的其他货币的部分，都不负责"。但该条同时增加了"但托运人于装货前已就该项货物的性质和价值提出声明，并已在提单中注明的，不在此限"的例外性规定。这种排除适用承运人责任赔偿限额的规定便是保价运输。后来，航运业承运人责任赔偿限额制度又被铁路运输、航空运输、公路运输等借鉴，由此形成了普遍意义上的承运人赔偿责任限额制度。

来源：http://wiki.mbalib.com/wiki/%E4%BF%9D%E4%BB%B7%E8%BF%90%E8%BE%93

二、快递保价条款的性质和效力

通常而言，寄件人在交寄邮件的同时，填写已经印制的快递详情单中有关内容，并在交寄人处签字，详情单作为寄件人与快递服务组织之间的快递服务合同，一般背书双方的权利义务。根据《合同法》第三十九条的规定"格式条款是当事人为了重复使用而预先拟定，并在订立合同时未与对方协商的条款"。由此，快递服务公司的快递详情单载明的保价条款属于一种典型的格式条款。因为格式条款是单方拟订，限制了当事人的意思自治，格式条款的拟定方可以利用其优越的经济地位、信息资源、法律知识等资讯方面的强势，制定有利于自己而不利于消费者的合同条款。所以法律同时对格式条款的效力认定、解释及适用做了限制性的规定。如《合同法》第四十条规定："对于提供格式条款一方免除其责任、加重对方责任、排除对方主要权利的，该条款无效。"因此，只要快递服务组织对保价条款尽到了合理告知义务，且寄件人自愿签字确认，该保价条款就合法有效，除非出现《合同法》第五十三条规定的情形，合同中的下列免责条款无效：

① 造成对方人身伤害的；
② 因故意或者重大过失造成对方财产损失的。

三、关于快递保价的特殊规定

1. 充分尊重当事人自由意思，坚持私权自治原则

办理快递保价应贯彻自愿原则，办不办理由寄件人自主决定、自由选择是否接受保价服务。

2. 快递服务组织者应尽到合理提醒、说明义务

实践中，保价运输条款一般在快递单中提前拟订，寄件人只需在是与否之

间做出选择即可。因此,保价运输条款属于合同法上典型的格式条款。按照合同法理论,承运人在与托运人订立合同时应尽到合理的提醒、说明义务。快递服务组织须提醒寄件人仔细阅读详情单上有关邮件保价的相关内容,让寄件人自主选择是否保价,提示寄件人选择"是"、"否"一栏必须勾挑,在"声明价值"栏内注明寄递物品的实际价格。

通常情况下,快递公司以背面条款形式告知保价条款,但会在正面注明"务请阅读背面条款,签名意味着理解接受背面条款"等,但快递公司是否尽到提示和说明义务不能仅限于此,提示必须是以引人注目的特殊字体,在显著位置标出,或者另以口头或者书面方式,特别提请对方阅读此免责条款。否则,就不能认为履行了保价条款的提示义务。

3. 寄件人如实申报货物价值的义务

交通部《国内水路货物运输规则》第二十一条规定,"托运人托运货物,可以办理保价运输。货物发生损坏、灭失,承运人应当按照货物的声明价值进行赔偿,但承运人证明货物的实际价值低于声明价值的,按照货物的实际价值赔偿。"寄件人应以不超过货物的实际价值或货物在目的地点交付时的实际利益填写声明价值。

4. 寄件人应及时支付保价费

不同快递公司的物品保价费率和赔偿标准差距大,如顺丰快递文件是不得超过2000元,非文件是不得超过2万元,保价费是声明价值乘以5‰,申通快递是最高赔付不超过1万元,保价费是声明价值乘以3‰。

5. 保价赔偿例外

如寄件人或者收件人在要求赔偿过程中,有确切证据证明快件的损坏、灭失是因为快递服务组织者故意或者重大过失(包括明知可能造成损失而轻率地作为或者不作为)造成的,赔偿范围不受保价条款的约束,而按照货物损失的实际价值受偿。

工作任务三 快递违约与快递赔偿

【案例6-2】天意快递服务部是被告游某的姐姐于2008年开办的个体经营户,对外以其加盟的网络"中通速递"名义开展快递服务业务,游某是该服务部的工作人员。2010年12月10日,彭某与游某联系称有包裹需要快递,游某通知其他工作人员为彭某办理，填写了中通速递手续，收取了服务费10元，没有办理保价，彭某包裹内装手机一部。过后，经双方查实，该快递包裹丢失。2010年3月31日，被告游某以天意快递服务部的名义与重庆信雅达快递服务有限公司签订了网络加盟合同书。2011年2月25日，以游某为负责人的重庆信雅达快递服务有限公司江津营业部成立，对外仍以其加盟的网络"中通速递"名义开展快递服务业务。2011年4月1日，原告彭某曾以重庆市中通速递江津区分公司为被告向法院起诉过，经查明，被告公司没有注册登记，被告主体错误，遂裁定驳回了原告的起诉。同年7月28日，原告彭某以游某为被告向法院起诉，要求被告赔偿手机价款3000元和服务费10元。裁判：重庆市江津区人民法院经审理认为，被告游某于2010年12月10日成为天意快递服务部的工作人员，以"中通速递"名义承接原告的快递服务业务。快递运单是邮寄合同的凭证，从法理上讲，原告彭某是与中通速递签订的邮寄服务合同，天意快递服务部是中通速递的授权经营者，被告游某的行为非个人行为，原告彭某与被告游某之间不存在快递服务合同关系，遂依法判决驳回原告彭某的诉讼请求。判决后，原告未上诉，现判决已生效。

来源：http://cqfy.chinacourt.org/article/detail/2011/11/id/651707.shtml.

一、快递服务合同违约责任概述

违约是指合同当事人一方无合法理由完全不履行其合同义务或者不完全履行其合同义务的行为。中国《合同法》将违约分为不能履行、不完全履行、履行不适当等形态。违约责任是指合同当事人不履行合同义务或者履行合同义务不符合约定时，依法产生的法律责任。《民法通则》第一百一十一条规定："当事人一方不履行合同义务或者履行合同义务不符合约定条件的，另一方有权要求履行或者采取补救措施，并有权要求赔偿损失。"《合同法》第一百零七条规定："当事人一方不履行合同义务或者履行合同义务不符合约定的，应当承担继续履行、采取补救措施或者赔偿损失等违约责任。"快递服务合同违约时有发生，形态各异，这里主要对快递服务组织因违约所承担的赔偿责任进行阐述。

二、快递赔偿

1. 赔偿对象

快件赔偿的对象应为寄件人或寄件人指定的收件人、受益人。

2. 赔偿因素

赔偿因素主要包括快件延误、丢失、损毁和内件不符。

① 快件延误是指快件的投递时间超出快递服务组织承诺的服务时限，但尚未超出彻底延误时限；

② 快件丢失是指快递服务组织在彻底延误时限到达时仍未能投递快件，与顾客有特殊约定的情况除外；

③ 快件损毁是指快递服务组织寄递快件时，由于快件封装不完整等原因，致使快件失去部分价值或全部价值，与顾客有特殊约定的情况除外；

④ 内件不符是指内件的品名、数量和重量与快递运单不符。

3. 快递服务组织的免责事由

① 因不可抗力造成的损失。不可抗力是法定免责条款。这里的不可抗力应该以《民法通则》一百五十三条的定义为准：是指不能预见、不能避免并不能克服的情况。

② 由于发件人或收件人的责任造成的损失。根据过错归责原则，不属于快递服务组织者的过错，而是由于发件人或收件人的过错造成的损失，快递服务组织者当然不用负赔偿责任。

③ 由于快件本身的自然属性或合理损耗造成的损失。

④ 超过赔偿时限的。《快递服务标准》将赔偿时限规定为一年，自寄件人交递快件之日起满一年未查询又未提出赔偿要求的，快递服务组织者可不负赔偿责任。

4. 赔偿范围的确定

快递服务组织与顾客之间有约定的应从约定，没有约定的可按以下原则执行。

(1) 快件延误

延误的赔偿应为免除本次服务费用（不含保价等附加费用）。由于延误导致内件直接价值丧失，应按照快件丢失或损毁进行赔偿。

(2) 快件丢失

快件丢失赔偿应主要包括：

① 快件发生丢失时，免除本次服务费用（不含保价等附加费用）；

② 购买保价（保险）的快件，快递服务组织按照被保价（保险）金额进行赔偿；

③ 对于没有购买保价（保险）的快件，按照邮政法实施细则及相关规定办理。

(3) 快件损毁

快件损毁赔偿应主要包括：

① 完全损毁，指快件价值完全丧失，参照快件丢失赔偿的规定执行；

② 部分损毁，指快件价值部分丧失，依据快件丧失价值占总价值的比例，按照快件丢失赔偿额度的相同比例进行赔偿。

(4) 内件不符

内件不符赔偿应主要包括：

① 内件品名与寄件人填写品名不符，按照完全损毁赔偿；

② 内件品名相同，数量和重量不符，按照部分损毁赔偿。

知识链接 特殊货物的赔偿范围确定

在寄件人所委托的邮递物品对于其自身具有特殊的意义或者纪念价值时，如荣誉证书、照片等，此类物品无法从价值上进行衡量。对于这些物品的遗失对寄件人造成的损失是无法用金钱予以衡量的，而应当遵循民法的公平原则，按照快件丢失所发生的实际损失予以赔偿。另外，若因寄件人邮寄的是对寄件人或者收件人有特殊意义的物品时，选择侵权之诉时，对其因精神受到损害的精神损害赔偿金应当予以赔偿。

来源：http://www.5law.cn/html/201210/20121030113253208.shtml.

5. 受理赔偿期限

快递服务组织受理赔偿期限应为收寄快件之日起 1 年内。

6. 赔偿程序

(1) 赔偿申告

寄件人在超出快递服务组织承诺的服务时限并且不超出快件受理赔偿期限内，可以依据赔偿因素向快递服务组织提出赔偿申告。快递服务组织应提供赔偿申告单给寄件人，寄件人填写后递交给快递服务组织。

(2) 赔偿受理

快递服务组织应在收到寄件人的赔偿申告单 24 小时内答复寄件人，并告知寄件人赔偿处理时限。

(3) 赔偿处理时限

赔偿处理时限指从快递服务组织就赔偿申告答复寄件人开始，到快递服务组织提出赔偿方案的时间间隔。

快递服务组织除了与寄件人有特殊约定外，赔偿处理时限应不超过：

① 同城和国内异地快件为 30 个日历天；

② 港澳和台湾快件为 30 个日历天；

③ 国际快件为 60 个日历天。

(4) 赔偿金支付

快递服务组织与寄件人就赔偿数额达成一致后，应在 7 个日历天内向寄件人或寄件人指定的受益人支付赔偿金。

7. 快递服务合同纠纷责任主体的认定

近年来快递业发展迅速，特许加盟以其成本和风险优势已经成为民营快递企业销售物流服务的主要运营模式。快递特许加盟关系包括特许总部、被特许加盟公司、次加盟商及承包人等主体，就法律关系而言，快递特许总部与被特许经营者是相互独立的民事主体，双方内部订立的加盟合作协议是取得法律联系的基础，共同对寄件人提供邮寄服务。在发生寄递物品丢失时，须区分两种情形分析快递特许总部和被特许经营者的外部责任：

① 寄件人付款时没有向快递被特许经营者索要发票，快递总部的运单上也没有快递被特许经营者的签章，依交易习惯，寄件人是与快递被特许经营者签订了快递服务合同，但依法律分析，寄件人是与快递特许总部签订了快递服务合同。快递特许总部从法律上应对寄件人负全责，承担责任后，可根据其与快递被特许经营者签订的内部加盟合作协议行使追偿权。

② 寄件人付款时被特许经营者出具了发票，且快递运单上有快递被特许经营者的签章，这样寄件人和两个主体签订了合同关系，获利主体和运输主体明确。寄件人可以快递特许总部和快递被特许经营者为共同被告，由双方承担连带责任。

8. 赔偿纠纷的解决方式

在赔偿得不到圆满解决时，寄件人或相关权利人可以采取以下几种方式来维护自身的权益。

(1) 投诉

① 投诉受理。快递服务组织应当提供用户投诉的渠道，主要包括互联网、电话、信函等形式。快件收寄日起 1 年内，快递服务组织应受理用户投诉。受理投诉时，快递服务组织应记录如下信息：

　a. 投诉人的姓名、地址和联系方式；

　b. 投诉的理由、目的、要求；

　c. 其他投诉细节。

快递服务组织在记录的过程中，应与投诉人核对信息，以保证信息的准确性。

② 投诉处理时限。快递服务组织除了与投诉人有特殊约定外，国内快递服务投诉处理时限应不超过 30 个日历天。

③ 投诉处理。快递服务组织应对投诉信息进行统计分析，提出处理方案，制定补救措施，按服务承诺及时处理。投诉处理完毕，快递服务组织应在处理时限内及时将处理结果告知投诉人。若投诉人对处理结果不满意，应告知其他可用的处理方式。根据投诉信息统计分析结果，快递服务组织应采取措施改进服务质量。

④ 申诉。用户向快递服务组织投诉后 30 日未作出答复的，或对快递服务组织处理和答复不满意的可向邮政管理部门提出申诉。快递申诉时限为 1 年。

当产生赔偿纠纷时，寄件人或相关权利人除了可以向快递服务组织内部客服部门进行投诉外还可以向当地的快递行业协会或邮政管理部门投诉。快递行业协会是快递服务组织者自发成立的组织，并通过该组织进行行业自律和监督，规范行业操作和管理。2010 年中国快递协会制定了《中国快递协会企业自律公约》，并号召各成员单位自觉遵守。向快递行业协会投诉，虽然无法定强制力要求快递服务组织者尽快做出赔偿，但是，可以通过快递协会的协调和舆论监督，给快递服务组织者一定的压力，促使纠纷尽快得到解决。邮政管理部门是快递业的法定行政管理机构，新《邮政法》赋予其很大监督管理权及执法权，可以说，向邮政管理部门投诉是一个极有效的解决途径，邮政管理部门可以责令相关的快递服务组织者尽快合理地处理赔偿纠纷，并进行相应的组织协调工作，从而合理地解决赔偿纠纷。

(2) 仲裁

仲裁也是一个快速解决赔偿纠纷的法定途径。双方在签订快递服务合同时，是否约定了仲裁机构和仲裁地点，如是应当遵照执行。根据我国《仲裁法》第四条的规定：当事人采用仲裁方式解决纠纷，应当双方自愿，达成仲裁协议，没有仲裁协议，一方申请仲裁的，仲裁委员会不予受理。因此，订立仲裁协议是申请仲裁的前提条件。此外《仲裁法》第九条规定："仲裁实行一裁终局的制度"，裁决作出后，当事人就同一纠纷再申请仲裁或者向人民法院起诉的，仲裁委员会或者人民法院不予受理。裁决被人民法院依法裁定撤销或者不予执行的，当事人就该纠纷可以根据双方重新达成的仲裁协议申请仲裁，也可以向人民法院起诉。仲裁程序和仲裁规则应遵守我国《仲裁法》的相关规定和于 2006 年 9 月 8 日起施行的《最高人民法院关于适用〈中华人民共和国仲裁法〉若干问题的解释》的相关规定。

(3) 诉讼

如果没有仲裁协议或仲裁协议无效，寄件人或相关权利人可以向约定管辖的法院起诉，请求法院作出裁决。根据我国《民事诉讼法》的规定，如果没有约定管辖法院，应当向被告住所地或合同履行地的人民法院提起诉讼，诉讼时效为两年，从发生赔偿纠纷时起计算，但是权利人向快递服务组织者主张权利时或向有关部门投诉时，诉讼时效中断，重新计算。

情景小结

本情景首先介绍了快递服务合同的概念、特征及内容。分析了快递服务合同中主体的权利和义务。接着介绍了快递保价的基本含义和快递保价条款的法律性质和效力，最后介绍了快递违约与赔偿，分析了快件的赔偿因素、赔偿程序及快件赔偿纠纷的解决方式。

实训项目

（1）2009年7月15日，某科技公司委托重庆某快递公司，将一块价值25000元的控制面板快递至武汉的卖方处，并支付了运费70元。然而一直到7月27日，武汉的卖方仍表示未收到快递件。科技公司于是询问快递公司，才得知快递件已经丢失。之后科技公司找到快递公司要求赔偿。然而快递公司表示，由于科技公司在签快递服务合同时未选择保价服务，因此只能在快递费的5倍范围内赔偿，给科技公司造成的其他损失属于免责范围。"这明显和我快递的物品价格相差太大了"，科技公司表示难以接受。2010年7月，科技公司将重庆某快递公司诉至法院，要求法院认定快递公司的免责条款无效，要求快递公司赔偿损失25000元。庭审中，快递公司承认快递货物丢失，但辩称，对方无法证明快递的货物系控制面板，而科技公司托运时未选择保价，根据合同约定，快递公司只需在快递费的5倍范围内赔偿，其他损失可以免责。经法院审查：快递公司提供的格式合同内容来看，合同中的免责条款提示的文字、符号、字体等与合同中的其他条款无明显区别，不易辨认。请分析：本案快递服务合同中的免责条款是否有效？

（2）天意快递服务部是被告游某的姐姐于2008年开办的个体经营户，对外以其加盟的网络"中通速递"名义开展快递服务业务，游某是该服务部的工作人员。2010年12月10日，彭某与游某联系称有包裹需要快递，游某通知其他工作人员为彭某办理，填写了中通速递手续，收取了服务费10元，没有办理保价，彭某包裹内装手机一部。过后，经双方查实，该快递包裹丢失。2010年3月31日，被告游某以天意快递服务部的名义与重庆信雅达快递服务有限公司签订了网络加盟合同书。2011年2月25日，以游某为负责人的重庆信雅达快递服务有限公司江津营业部成立,对外仍以其加盟的网络"中通速递"名义开展快递服务业务。 2011 年 4 月 1 日,原告彭某曾以重庆市中通速递江津区分公司为被告向法院起诉过,经查明,被告公司没有注册登记,被告主体错误,遂裁定驳回了原告的起诉。同年 7 月 28 日,原告彭某以游某为被告向法院起诉,要求被告赔偿手机价款 3000 元和服务费 10 元。请分析。

① 被告游某是否应承担法律责任?为什么?
② 本案对原告彭某承担赔偿责任的主体应该是谁?

思考与练习

1. 快递服务合同的概念和法律特征是什么?
2. 快递服务合同当事人的权利和义务是什么?
3. 分析快递保价条款的性质和效力。
4. 快递赔偿范围如何确定?

学习情景七
快递服务推介与客户管理

工作任务一　快递客户分析

快递客户是快递企业提供产品和服务的对象，是快递企业赖以生存和发展的基础。快递客户根据客户性质分为企业客户和个人客户。根据客户给企业带来的收益和价值分为高端客户、中端客户和大众客户。按客户所在市场类型又可以分为专业市场客户和中央商务区（CBD）客户群。下面分别分析这几类快递客户的购买行为，从而更有效地指导快递企业开展客户开发工作。

一、企业及个人客户购买行为分析

企业或个人购买快递服务，是在一定消费心理支配下的快递客户的消费行为。

1. 企业购买行为分析

企业客户在选择快递服务时，考虑的因素相对比较多，如快递品牌、快递企业的网络覆盖范围、增值服务、批量交寄快件的价格、快递运输的安全程度、报关程度等。

① 快递品牌。企业客户在选择快递服务时，往往会考虑所选快递企业与客户自身的形象是否相称。如果客户是国际大公司，往往会选择一家大型且具有一定品牌影响力的快递企业作为合作伙伴。其对快递服务的安全性、快件传递速度的要求会相对较高，而对快递服务价格的考虑会相对较少。

② 快递企业的网络覆盖范围。产品经销范围覆盖全球的企业客户，往往会选择具有全球服务能力的快递企业作为合作伙伴；产品经销范围覆盖全国的企业客户，往往会选择具有全国服务能力的快递企业作为合作伙伴；产品经销范围覆盖局部地域的企业客户，一般会选择具有局部地域服务能力的快递企业作为合作伙伴。

③ 增值服务。随着购买力的增加，企业客户对快递服务的需求也会"水涨船高"，可供企业客户选择的快递服务品种也越来越多。企业客户不仅仅关注快递传递的安全和速度，还关注快递企业的售后增值服务，如打印运单、保价运输、代收货款、短信服务、网络随时查询等。为企业客户提供增值服务，已成为快递企业吸引企业客户的重要举措。

④ 决策者的影响。决策者个人的喜好会影响该企业客户的购买行为。当企

业客户决定选择一家快递服务企业作为合作伙伴时，决策者往往优先考虑的是自己熟知或认同的快递企业，然后再从这些快递企业中挑选出最合适的。

2. 个人购买行为分析

影响个人购买快递服务行为的主要因素有：

① 个人客户对快递服务的整体印象。个人客户对快递服务的整体印象非常重要，这决定着个人客户是否愿意接受快递消费。

② 快递服务的价格与寄递速度。个人客户在选择快递服务时，主要考虑的是价格要经济实惠，寄递速度要能达到客户的要求，而对快递品牌的选择相对不敏感。个人客户交寄的物品一般价值不会太高，虽然个人客户也会考虑运输安全因素，但与寄递高价值物品相比，要求相对会弱一些。

③ 快递服务的便利性。快递服务是一种门对门、桌对桌的服务。只要客户给快递企业打一个电话，就会有快递业务员上门服务；或者在快递企业网站点击一下鼠标，就可以下单寄递物品。个体客户使用快递服务时，往往看重快递服务的便利性。

④ 客户的兴趣和爱好。随着网上购物、电视购物的兴起，人们已经开始享受这些新的购物方式，对使用快递寄递所购物品的需求明显增加。

3. 企业与个人购买行为的差异化分析

企业与个人购买行为的不同主要表现在：

① 企业客户主要看重交寄物品的安全与否，而个人客户主要看重快递服务价格的高低。

② 企业客户在选择快递服务时会综合考虑许多因素，而个人客户选择快递服务时考虑因素较少，对快递企业的资质了解也较少。

③ 企业客户交寄快件在时间和间隔上相对固定，而个人客户交寄快件在时间和间隔上往往是不固定的。

二、中高端客户和大众客户购买行为分析

1. 中高端客户购买行为分析

中高端客户在选择快递服务时，考虑的因素相对比较多，影响中高端客户购买快递服务行为的主要因素有：

① 中高端客户所选的快递企业往往有较高的品牌影响力、资质和服务水平，又能满足客户需要的网络覆盖范围，要求服务人员有较高的素质和良好的形象，能体现客户自身价值。

②中高端客户所寄快件一般属于商务来往，其考虑的是用最少投入获取最大的回报，所选择的快递企业要能满足在运递时限和运输安全方面的要求，一旦发生意外有理赔保障。

③中高端客户购买快递服务比较理性，所选的快递企业相对较固定，与快递企业合作周期较长。

④中高端客户注重从快递企业管理能力来看其可持续发展潜力，而不仅仅看其静态的实力和体制的安全性，更看重快递服务的使用价值。

⑤中高端客户更容易接受、尝试新的快递服务产品与新的增值服务。

⑥中高端客户有较强的对快递服务信息的搜寻掌控能力。

2. 大众客户购买行为分析

大众客户也称为普通客户、低端客户，这类客户的数量较多。影响大众客户购买快递服务行为的主要因素有：

①大众客户一般不考虑快递企业的品牌的影响力和资质，对快递企业的服务方式、服务态度和服务水平的要求一般。

②大众客户购买快递服务比较感性，往往选择价格低廉和传递速度能满足要求的快递企业，一般没有相对固定的寄件时间，与快递企业合作时间较短。

③大众客户一般不注重从快递企业的管理能力来看可持续发展潜力，而关注快递企业的静态实力和体制的安全性。

④大众客户不容易接受和尝试新的快递服务产品和新的增值服务。

⑤大众客户一般不会特意收集快递企业的信息，而是凭直觉来选择快递企业。

三、专业市场客户和中心商务区（CBD）客户群购买行为分析

1. 专业市场客户购买行为分析

快递客户按照所寄递的物品不同，可分为皮革市场客户、易碎品市场客户、电子产品市场客户、工业产品市场客户等不同类型的专业市场客户。不同类型的专业市场客户，其主要考虑的因素也不同。如皮革市场客户群体比较看重皮革制品的安全与否，所选择的快递企业要能满足在运递时限和运输安全方面的要求，对于部分价值较高的皮革制品作保价处理，一旦发生意外有理赔保障。易碎品市场客户在寄递玻璃制品、陶瓷制品、电器等易碎品时，则首先要求的是快递企业在寄递过程中必须确保寄递物品的完整。电子产品市场客户在寄递电子产品时，除了对包装盒运输安全的要求外，由于电子产品更新换代快且价

格波动较大，其对寄递时限的要求也很高。工业产品市场客户通常具有生产集中度高、经济规模大的特征，具有发货量持续稳定的特点。

2. 中心商务区（CBD）客户群购买行为分析

对中心商务区客服群的购买行为分析，可以从以下几种"疑虑心态"入手。

① 服务质量疑虑：快递企业的服务质量是否符合其要求，快递服务人员的综合素质是否与客户所在高档写字楼的环境要求相符等。

② 服务价格疑虑：快递企业所设定的快递服务价格体系是否合理，收取服务费用的方式是否和适宜。

③ 服务产品细节疑虑：快递服务细节对客户的影响较大，客户往往需要了解快递时限、运递环节、报价、理赔等细节后，才会购买快递服务。

④ 服务承诺疑虑：在选择快递企业时，客户看中快递企业的服务承诺，如按时取件和投递环节、保险和理赔、快件跟踪查询等，对快递服务的时效性尤为严格。

⑤ 服务费用疑虑：客户购买快递服务看重的是"物有所值"，如果费用高于客户心理预期值而又没有得到合理的解释，客户就会转向购买其他企业的快递服务。

⑥ 增值服务疑虑：快递企业在促销或者争取客户的阶段，推出相应的增值服务是否有实际意义、能否如实兑现，都是客户购买快递服务时所考虑的因素。

工作任务二　快递客户开发

在快递企业开发客户的过程中，首先应识别潜在的快递客户，然后再针对客户的特点和潜在需求进行具体开发。

一、识别潜在快递客户

1. 判断潜在客户

判断潜在客户有三个条件：一是暂时还未使用过本企业的快递服务；二是有使用快递服务的需求；三是有良好的快递使用信誉。有的快递客户，确有使用快递服务的需求，但它在使用别的企业的快递服务时，有拖欠服务款项等不良记录，那么就应慎重选择这类客户。同时符合这三个条件，就可以认为是本企业的潜在客户。

2. 寻找潜在客户的方法

寻找潜在客户的方法非常多。最常见的有逐户寻访法、客户引荐法、光辉效应法、直接邮寄法、电话营销法、滚雪球法、资料查阅法、市场咨询法等。不过，没有任何一种方法是普遍适用的，没有任何一种方法可以确保一定成功。作为销售人员，需要不断进行总结，只有不断地总结，才能找到一套适合自己的方法。

3. 引导潜在客户的购买行为

无论是哪一种类型的客户，其在选择快递服务之前都有一个决策过程，作为快递服务销售人员应掌握潜在快递客户在购买决策过程中的影响因素，以便激发潜在客户的兴趣和购买欲望。首先，应把握影响决策者的内、外部影响力。内部影响力一般包括需要、欲望、个性、理解力、自我观念、态度和动机等，而外部影响力比较分散，随时间、地点的变化而不同。其构成要素主要有参照群体、竞争关系、供需状况、宏观经济、政策导向等。其次，应在与潜在客户接触的有限时间内，迅速地识别出那些对推进销售进程有影响力的关键人物，并努力与之建立良好的业务与个人关系。最后，在销售快递服务的过程中，除了与采购中心不同角色的人员打交道外，还需要与更广范围的不同人员打交道，以寻找更多的支持者，并最终促成销售。

二、开发潜在快递客户

1. 挖掘潜在客户的需求

销售人员了解客户的需求至少要区分两个层面，第一是直接层面的需求，如年轻客户需要寄递老年用品；第二是深层次的需求，也就是客户需求背后的需求，如年轻客户寄递老年用品真正目的是为了孝敬在外地的父母。

2. 促成快递服务的成交

（1）直接成交法

这一方法是指由销售人员直接邀请成交。例如，"我能否为您提供快递服务"，这一方式简单明了，在某些场合十分有效。当销售人员对客户的疑问做出了令客户满意的解说时，直接邀请就是很恰当的方法。使用直接成交法的时机要把握好，若客户对你的产品有好感，也流露出购买意向，发出购买信号，可又一时拿不定主意或不愿主动提出成交的要求时，销售人员可用直接成交法促成客户购买。

（2）假定促成交易法

这一方法是指快递服务销售人员在假定快递客户已经接受了快递服务，同意使用快递服务的基础上,通过提出一些具体的成交问题,直接要求客户购买的一种方法。例如,"您看,假设用了我们公司的快递服务以后,成本有所下降,效率也提高了,更重要的是能帮助您在最短的时间内达成您赋予我们的使命,不是很好吗?"

三、快递客户开发技巧

1. 充足的客户拜访准备

在给客户打第一个电话前或登门拜访前,尽可能多地了解客户的各种信息,尤其是他们的需求信息,还要想好对方可能提出的问题,可能发生争议的焦点、让步的底线等,想好如何应对。准备得越充分,成功的概率越高。

2. 成为快递服务产品销售的专家

业务人员对所推销的快递服务是否有足够的了解,直接影响客户对快递服务的信心。所以,做一个快递服务产品销售的专家,熟悉快递服务业务,对促成业务非常有帮助。

3. 为客户创造价值

想与客户建立长久的业务关系唯一的方式就是为客户不断地创造价值。如果企业所提供的快递服务对于客户来说是有价值的,甚至是不可取代的,那么即使不去维护关键的负责人,也可以长期拥有该客户。为客户提供大的价值需要靠整个快递企业的有效运作来完成。

4. 关注竞争对手

有的客户不选择本企业的快递服务,不是他们没有快递服务需求,而是企业的竞争对手能更好地满足他们的需求。因此,在了解客户需求的同时,快递销售人员也要全面了解竞争对手的情况,包括:他们的实力、增值服务、优势、劣势等,了解得越清楚,越有利于针对竞争对手制订有效的营销策略,争取客户的把握就越大。

5. 组织系统支持

只有组织有计划地介入支持,业务员才能借力使力,完成销售任务。为此,快递企业应设立一个客户开发支持中心,由企业领导牵头,由客户开发人员、策划人员等专职人员组成。支持中心应设数据库,包括成功案例、成功技巧、经验教训总结、客户数据信息、企业可提供的支援情况等,既可为销售人员提供一些具有针对性的思考与行动依据,也为快递企业的客户开发积累宝贵的经

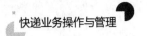

验和数据。

6. 流程分解

为了提高开发客户的效率，可以把开发流程按照寻找大客户、意向性接触、进一步沟通、跟进、交易、维护等主要环节拆解开，对照相应环节设置专门岗位、配置专门人员，专门负责一至两个环节，使整个工作专业化。

7. 交互式大客户开发

买东西的趾高气扬，卖东西的低三下四，这样的情况在大客户交易中非常多见，原因就是主动权与利益关系不对称造成的。那么我们改变一下思路：如果我们此时成为了大客户的大客户，结果会怎样呢？关系对等了，客户自然就好谈得多了。

8. 客户推荐

在很多行业中，同行业之间的关系都很密切，如果能让现有大客户替你去向其他客户推荐一下你们的产品或服务，效果将远胜过我们业务人员的穷追猛打。而且介绍一位"下家"将对此客户产生一定的好处，这种好处根据行业的不同，内容也不相同。鼓励客户推荐新客户的方法有两种：

① 让利益作为杠杆，比如，推荐客户可以共享被推荐客户的一些资源、购买产品或服务有更大优惠等；

② 最直接有效的方法是与负责人搞好客情关系，这样请其动动嘴就容易得多了。

如果同时具备以上两个条件，让客户做你的推销员应该不是难事。但是，客户的推荐只是帮我们打开了下一个客户的大门，进去之后还要我们自己努力。

9. 重视决策者身边的人

大客户企业内的助理、秘书等一些决策者身边亲近的人虽然没有决策权，但却有很强的决策影响力，甚至业务成败的关键都是由这些人决定的。这些人是决策者的亲信，决策者会参考这些人的意见，得罪、轻视或因为觉得已经与决策者建立了联系而忽视这些人，那么结果可能是这些人成为了你业务失败的主要原因。如果善加利用这些人，他们将成为你此笔业务的开门人、引路者，我们可以从他们身上了解到各种信息，得到各种小的帮助，反之则可能带来很多小的麻烦。这些或正面或负面的影响虽小，但却关乎成败，这些人就像钟表里的齿轮——一个齿轮不能推动钟表的行走，但是一个齿轮却可以让钟表停止行走。

10. 公关手段创新

市场营销每天都在进行着创新，而大客户开发则一直停留在相对低级老旧的方式上,大客户的公关和维护手段基本都是请吃饭,花钱不少、搭时间也不少,可客户却不领情,因为大家都是这么做的,俗话说"天天吃饺子也就不觉得香了",此时如果我们变换思路,进行大客户开发方式的创新,就可以在大家挤破大客户家的大门时,找到没人走的侧门,达到目的。当然,必要的沟通媒介,吃饭、娱乐还是要有的,但这不是重要的开发环节,重点是我们通过吃饭时融洽的气氛来了解客户的偏好和需求。客户个人或其组织眼下最急切的需求是突破的最好途径,这种需求可能是各方面的,有时客户本身也没觉得你能帮上他,所以也不会去说,这时就要我们善于和客户聊天,让客户打开话匣子,当然,这也需要我们来引导,重要的信息就在其中。

工作任务三 快递业务推介

业务推介是指业务人员在收派快件过程中主动向客户介绍快递产品的行为。随着社会经济的不断发展,客户对快递企业的需求日益呈现出多样化、差异化和个性化的特点,并且随着客户与企业间合作关系的深层次化发展,更多的增值服务要求使得他们希望企业能够区别对待不同的客户,以体现不同价值客户的"待遇"。对于快递行业来说,如何把企业多样化的产品体系推介给客户,满足客户的需求,实现企业与客户的双赢,具有非常重要的意义。

1. 业务推介活动的特点

(1) 主动性

推介的主动性体现在推介业务员的推介行为之中,贯穿推介过程的每个阶段和每个环节。首先推介业务员在业务推销初期应主动寻求各方客户,千方百计地与潜在客户建立联系。同时主动了解潜在客户的需求,制订推介策略和方法,使客户产生购买欲望。最后推介业务员主动把握成交时机,使潜在客户变为现实买主,并不断完善服务内容,提高服务质量和市场占有率。

(2) 灵活性

推介的灵活性体现在业务员要根据各类客户的需要、欲望和动机,有针对性地采取灵活多样的推销方法和推销技巧。因此,快递业务员在业务推销过程中,要有针对性地向潜在客户传递推销业务的信息并进行说服。

(3) 互动性

互动性体现在业务推介是一个信息双向交流沟通的过程,它是推介活动最

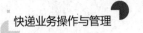

显著的特征。一方面是业务推介员以行为、语言等手段向潜在购买者传递有关快递企业业务产品信息；另一方面，也是推介对象向业务推介人员反馈信息的过程。通过持续不断的信息传递与反馈，达到相互影响，互相适应的效果。

业务员推介过程的互动性为业务推介员灵活运用和及时调整推介策略提供了可能，还为密切与客户的联系、建立良好的客户关系创造了条件。

2. 业务推介的基本原则

(1) 满足客户需求原则

业务推介人员在运用推介策略时，首先要在满足客户的需求和解决客户问题的基础上达到推介的目的。客户每次购买行为的目的都是为了满足某些需求，对于杰出的推介人员来说，首先要懂得不遗余力地去了解客户的需要、欲望和需求。主动开展市场调查，分析客户提出的问题，最大限度地满足客户。

(2) 互利互惠原则

业务推介人员要保证交易能为双方带来利益或好处。双方共同的利益或好处是进行交易活动的支撑点和结合点。只有在双方都感受到这种利益的存在时，才有可能自觉地去推动和实现交易，并将双方的关系保持下去。互利互惠是双方达成交易的成果，它能增强业务推介人员的工作信心，有利于形成良好的交易气氛，促进快递推销业务的发展。

(3) 尊重客户原则

尊重客户原则是指推介业务活动中要尊重客户的人格，重视客户的利益。当今社会，人们越来越重视自我价值的实现和赢得他人的认可。业务推介人员必须在人格、身份、地位等各方面对客户予以尊重，以消除双方心理上存在的隔阂，建立融洽的交易气氛和良好的人际关系，得到客户礼尚往来的回报。

3. 业务推介的方法

(1) 自我推介

"自我推介"就是在客户面前树立良好的形象，以赢得客户的承认、好感和信赖。业务推介的成功与否，是由业务员的努力程度来决定的。业务员只有通过自身良好的道德修养，幽默的语言艺术，得体大方的服饰和饱满的精神风貌，才能拨动客户心灵上的琴弦。

(2) 发放宣传资料

发放宣传资料，包括名片、宣传单、价格表等，是最广泛的业务推介方式，但成功率不高。主要原因是客户在选择快递服务时，会综合考虑到时效性、安全性、便利性、价格、品牌、快递企业的服务范围、双方合作方式及熟悉度、业务员的服务态度、服务的灵活性等诸多因素，一张名片或是宣传资料根本不可能为客户提供以上必要的决策参考信息。因此，快递企业要根据情况进行选择。

(3) 发现潜在客户

发现潜在客户是整个推介过程的前奏。业务人员必须培养起主动发现潜在客户的意识，学会综合运用各种发现潜在客户的方法和途径。在此过程中，业务人员可以采用观察、电话、信件乃至见面接触等方式。在这个阶段，业务人员应搜集尽可能多的与客户有关的信息，并建立客户档案，在所有潜在客户中寻找最有可能的客户。

(4) 推介洽谈

推介洽谈是推介过程的一个重要环节。洽谈也称面谈，是业务人员运用各种方式、方法、手段与策略去说服客户购买的过程，也是业务人员向客户传递信息并进行双向沟通的过程。在此阶段，业务人员要通过熟练的提问技巧帮助客户确认他们的要求和问题的所在，并运用充满魅力的演讲技巧，将快递产品体系（包括增值服务、特色服务）或服务的利益呈现给客户。

4. 业务推介失败的主要原因

在业务推介过程中，推介失败的原因主要有以下几个方面。

(1) 业务不熟

快递业务员在推荐过程中，对企业的产品不熟悉，向客户介绍不清楚，导致客户的流失。

(2) 对客户的需求了解不够

有些经验不足的业务员，认为客户最关心的仅仅是产品的价格与相关的优惠条件，一旦与客户面谈，他们往往单刀直入，试图用低价去说服客户购买本企业产品，忽略了客户的真实需要。

(3) 对企业产品优势认识不足

每个企业都有自己的产品优势，如何把优势的产品介绍给客户，关系到业务推介的成败。如果业务推介人员对企业产品优势认识不足，使客户无法全面了解企业的优势产品，将会导致推介的失败。

(4) 忽略售后工作

业务员一旦拿到订单，把前面对客户的承诺与保证都抛到九霄云外，没有与客户建立持久的关系。

针对上述情况，快递业务员在推介业务过程中，要保持积极的心态善待客户、珍惜客户，处处为客户着想。保持工作中的良好行为，注意礼节，赢得客

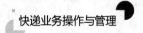

户好感。展现专业的服务水平，自信、专业，不夸大业务功能，不诋毁竞争对手，诚实守信、公平竞争，避免不正当竞争。

工作任务四 快递客户维护

一、快递客户维护的途径与方法

① 客户维护的含义

客户维护是指通过企业不断满足客户的需求，及时妥善地解决双方合作过程中出现的各类问题，从而与客户建立稳定的伙伴关系。

② 客户维护的途径

进行客户维护、提高客户满意度、赢得客户忠诚是一项复杂的系统工程，维护的途径很多，主要做好以下几个方面的工作。

(1) 从思想上认识到客户的重要性

快递业务员要真正做到"尊重客户，以客户为中心"，必须从思想上认识到满足客户需求的重要性。要认识到客户是企业的利润源泉，满足客户的需求是企业的荣誉，真正将"以客户为中心"落实到行动中去，而不应流于形式，只注重口号的宣传。

(2) 培养忠诚的客户

培养忠诚的客户首先要有忠诚的员工，员工忠诚是客户忠诚的基础。要想赢得客户，企业必须首先赢得员工。一方面要赢得员工在工作中的忠诚；另一方面又要避免员工的频繁跳槽现象，如果一个企业的员工总是频繁跳槽，这个企业就很难保证向客户提供一贯的服务，几乎不可能与客户建立长久而稳定的合作关系。客户在购买产品和服务的同时，无形中也购买了一种关系，这正是客户更愿意向了解他们喜好和偏向的企业购买产品和服务的原因。所以企业首先要培养忠诚的员工，然后忠诚的员工才能提高客户满意度，创造忠诚的客户。

(3) 预先考虑客户需求

提供差异化产品和服务。首先要考虑客户的需求，其次要根据不同需求提供差异化的产品和服务。在快递业务高速发展的今天，快递行业内的运营成本和产品成本已经接近社会平均成本，期望通过价格战来赢得客户已经变得越来越不可能，在这种情况下，为客户提供差异化产品和个性化服务就显得尤为重要。

(4) 赢得老客户的满意和信赖

一般而言,企业的市场份额主要依靠两个来源:一是发掘新客户,二是维持老客户。在快递市场迅速发展的情况下,企业往往采用进攻型的市场策略,用迅速发掘新客户来抢占市场份额。随着市场的不断成熟和竞争的加剧,获得新客户的难度越来越大,成本也越来越高,快递企业的客户服务目标也逐渐发生了变化。以前企业的主要目标是增加新的客户,而今天企业更关注提高客户的满意度和赢得客户忠诚。企业存在的目的不仅仅是为了得到客户,更重要的是保持客户,并在不断提高客户满意度的基础上建立起客户忠诚,这才是企业营销的根本性的战略任务。

(5) 妥善处理客户异议

面对客户抱怨、客户投诉时不能逃避。客户对服务不满意,并不一定投诉,他们可能默默承受、悄悄离去。投诉的客户恰恰是对企业有一定期望和忠诚度的,他们的抱怨和投诉为企业提供了很有价值的信息;并帮助企业暴露不足,找到企业的症结。做好此项工作,首先要加强企业管理:一是要有一个平台,这个平台就是要建立客户服务中心,它是企业与客户对话的基础;二是要保证渠道的顺畅,如柜台面诉、反馈信息卡、投诉电话、电子邮件、客户回访等都可以用来收集客户投诉的信息;三是要有规范的处理流程,从受理、分析、处理、反馈都流程化;四是及时解决问题、挽回客户、恢复客户关系;五是惩处责任人、总结教训、内部整改。因此,客户投诉管理,核心工作就是如何处理好客户投诉,提高客户满意度,降低客户流失率。

(6) 建立有效的反馈机制

一次交易的结束正是下一次合作的开始。事实上,客户非常喜欢把自己的感受告诉企业,客户服务人员友善而耐心地倾听能够极大地拉近企业与客户之间的距离。反馈机制就像建立在企业和客户之间的一个桥梁。通过它,双方能够更好地沟通感情,建立起相互信任的关系。而成功的企业往往善于倾听客户的意见,善于发现这些意见中有用的市场信息和客户需求,并将其转化成新的商机。反馈机制还包括对客户满意度的调查。通过调查会发现企业中存在的问题有哪些,客户的评价怎样,如何进行改进,企业下一步应该如何发展进步等。

3. 客户维护的方法

(1) 客户拜访法

拜访的主要目的是让客户感觉到企业的关心和对产品的负责,企业应当制订详细计划，并主动多和客户接触，加强交流，了解客户的需求并为客户提供持续更有针对性的解决方案，以此来满足客户的特定需求。通过相互的交流建立起一种合作伙伴的"双赢"关系。客户在不经意间提出的一些建议和需求，就会给企业带来新的商机。客户拜访常用的方式有：

① 主动给客户发函，询问客户的意见和需求；
② 定期派专人访问客户；
③ 定期召开客户见面会和联谊会等；
④ 将企业开发的新产品和发展目标及时告知客户；
⑤ 把握每一次与客户接触的机会，在一点一滴上赢得客户信任。

(2) 电话、贺卡联络法

电话、贺卡是在现实生活中和工作中常用的联络感情的工具。如重要节日邮寄各种贺卡，客户感到意外和高兴。常打个电话，几句简单的问候会使客户感到高兴，但是要注意语言得体、适当。

二、预防客户流失的措施

客户维护主要是做好与客户的感情联络。加强沟通、培养与现有客户的关系，与他们建立起长期可盈利的关系。

1. 建立良好的客户关系

建立良好的客户关系，企业首先要致力提高客户忠诚度，建立完善的客户管理体系，增强企业与客户的沟通和联系。感情联络是维护客户关系的重要方式。快递企业通过日常拜访、节日问候、有针对性的专访等方式加强与客户的沟通，多了解客户的意见和需求，及时发现问题并立即采取措施处理，及时调整企业的经营策略，保证渠道的有序运作，有效降低经营风险，减少客户的流失，留住客户。

2. 加强服务质量管理

树立"客户至上"的服务意识，为客户提供优质服务。提高服务质量是维护快递客户忠诚的最佳保证，是保持增长和盈利的有效途径，也是市场竞争的有效手段。在快递服务质量上下大工夫，保证快递产品的安全性、便捷性、准确性，才能真正吸引客户、留住客户。在处理客户的投诉问题上，要正面应对，不要推诿，要积极解决问题，并勇于承担自身责任。在服务过程中，要摆正态度，正确处理与客户的冲突，耐心、诚信、专业地化解矛盾，这样才能最大限度地留住客户，保持客户满意度。

3. 塑造良好的企业形象

良好的企业形象可以增加客户对快递企业提供的产品和服务的信赖度，有助于增强客户对快递企业的忠诚度和信心，能让快递企业在行业中处于领先地位。快递企业形象的塑造主要包括内部形象和外部形象。这是根据接受者的范围划分的。

外部形象是员工以外的社会公众形成的对企业的认知，我们一般所说的企业形象主要就是指这种外部形象。企业要在社会公众中树立良好的形象，首先，要靠自己的内功——为社会提供优良的产品和服务；其次，还要靠企业的真实传播——通过各种宣传手段向公众介绍、宣传自己，让公众了解熟知、加深印象。

内部形象则指该企业的全体员工对企业的整体感觉和认识。由于员工置身企业之中，他们不但能感受到企业的外在属性，而且能够充分感受到企业精神、风气等内在属性，有利于形成更丰满深入的企业形象；但是如果缺乏内部沟通，员工往往只重局部而看不到企业的全部形象，颇有"不识庐山真面目"的感觉。我们认为，内部形象的接受者范围更小，但作用却很大，与外部形象有着同等重要的地位，绝不可忽视。

三、客户投诉的处理

1. 快递公司客户投诉原因解析

(1) 快递公司的服务不到位

近年快递公司被投诉的主要问题包括：快递公司工作人员服务态度差、快递上门服务存在缺陷、快递延误、快件丢失或损坏、投递人员要求客户先签字后验货、投诉电话形同虚设等。快递公司不能为客户提供优质服务，工作人员服务不专业，工作人员的态度冷漠甚至粗鲁，客户的期望没有得到满足，自然引起客户不满，遭到客户投诉。

(2) 有关快递的法律、法规相对滞后

快递业务存在一些不可控因素。比如，一些客户在邮寄贵重物品时想节省快递费或者考虑不周没有购买保险。一旦物品丢失客户又向快递公司索要全额赔偿，而快递公司只同意赔偿几倍的运费。快递公司的赔偿标准同客户的赔偿要求差距过大，因而引起客户投诉。

(3) 客户和快递公司之间存在误解

有时候客户和快递公司之间沟通不到位，没有进行有效交流，彼此之间就会产生误解。如果误解不能及时消除，就会使矛盾升级，引发客户投诉。

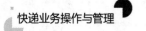

(4) 个别客户的不合理要求没有被满足

千人千面，不同客户的性格以及文化素养存在很大差异。个别客户自身的修养不是很高，某种情况下可能会提出一些不合理的要求。一旦遭拒，就有可能引起投诉。

(5) 收费标准不一

寄运同样一件快件，却收到各种不同报价，收件员在收件环节给出的报价与公司基准定价有较大差异。中国快递物流咨询网首席咨询师徐勇认为："价格管理混乱是整个快递行业普遍存在的问题，快递属于竞争性业务，其价格遵循市场定价原则，国家在这方面没有定价权，尤其是在大量民营企业采用加盟制之后，快递员的自主定价权就变得更为明显，并逐渐变成行业内的潜规则。"

2. 快递公司正确应对客户投诉的意义

(1) 正确应对客户投诉可以提高客户的忠诚度

客户提出投诉，说明客户对快递公司的服务和品质仍然有所期待。市场营销的基本原理告诉我们：维持一个老顾客和吸引一个新顾客相比，前者的成本只有后者的1/5。一个投诉不满的顾客背后有25个不满的顾客。口碑的力量是巨大的。正确处理客户投诉并使客户满意，客户就会长时间地对该公司保持忠诚，客户就会免费为该公司进行正面宣传。如果不能正确处理客户投诉，客户就会对该公司失望，公司就会彻底失去这个客户。同时，客户会把负面信息进行传播，公司会失去更多的客户。我们都知道著名的蝴蝶效应理论：南美洲亚马逊热带雨林中的一只蝴蝶扇动几下翅膀，几周后会在美国德克萨斯州引起一场龙卷风。不要轻视客户投诉，它引发的蝴蝶效应会给公司带来更大的损失。

(2) 正确应对客户投诉可以维护企业良好的形象

肯向企业提出中肯意见的顾客，仍然对企业抱有较高的期望。这样的顾客是企业的诤友。企业能够耐心倾听、弄清事实真相并站在客户立场上将心比心地作出恰当的处理，就会赢回顾客的好感，同时企业的服务水准会进一步提升。这样企业势必能够赢得更多顾客的青睐，继续维持良好的形象。

(3) 正确应对客户投诉可以促进公司的发展

面对客户尖锐的投诉，受理人员会觉得委屈和难堪。但是如果受理人员能够心平气和地接受客户投诉，就会发现客户在投诉时无偿地提供了很多信息。如果企业能对反映的信息进行有效整合，企业就会发现自己的差距与缺失，使自己的服务得到改进；企业就会得到更多有用的市场信息，使公司的业务更好地开展。

3. 快递客户投诉处理流程

快递客户投诉处理流程如图 7-1 所示。

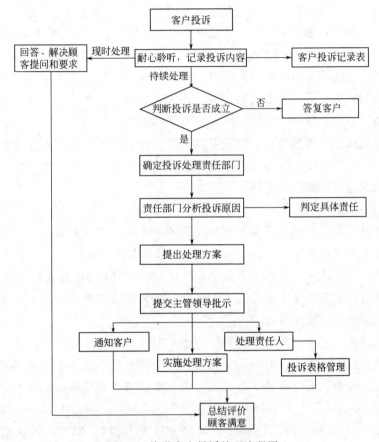

图 7-1　快递客户投诉处理流程图

要成功做好客户投诉管理，应注意以下几点：

① 整个企业及客户服务部门要树立为客户解决问题的指导思想来面对客户的投诉；

② 制订"一点投诉、全员互动、流程跟踪、快速响应"的服务模式；

③ 要建立专门的客户投诉部门，全面负责客户投诉，并要求有企业的重要领导牵头，保证面对投诉时能迅速有效地调动资源和协调各部门之间的关系。

客户投诉管理最大的价值在于提高服务质量，加强与客户的沟通及面向客户的请求响应机制，提升客户服务人员的专业技能和综合素质。

4. 快递公司客户投诉的应对技巧

(1) 先处理情感，后处理事件

客户得到不公正的对待，或者没有得到热情而专业的服务，客户在投诉时一般会情绪激动。聪明的做法就是先处理情感，后处理事件。要先让客户充分地倾诉。不管客户多么火冒三丈，受理人员都要以平静的心情倾听客户的投诉。不要把注意力集中在客户的情绪上，要明白你仅仅是客户倾诉的对象，客户并不是冲着你来的。要用同理心站在客户的角度为客户考虑。不要急于解释和辩解，以免引起客户心理上更大的反感。在未弄清事实真相前，不要轻易作出判断，不要轻易作出承诺。要适时地对前来投诉的客户说"对不起"，告诉客户你为他的不愉快经历感到遗憾。道歉可以缓解客户愤怒的情绪。即使道歉不能化解纠纷，但至少可以控制事态，以免事态朝不利的方向发展。要让客户在离开时，激动的心绪已然恢复平静。

【案例 7-1】

某客户投诉，他的一份装着护照的快件没有及时派送到相关人员手中，给他们带来了一定损失，下面是这位客户与一位业务员的对话。

客户：我要投诉，你们丢了我一本护照，给我带来了巨大损失……

业务员：您不用这么生气，一本护照的损失没有您想象的那么严重，您可以通过补办来解决这个问题……

案例分析：可以想象客户接下来的态度和这个投诉处理的难度了。事实上护照本身价值并不高，但是由于护照的丢失会造成很多麻烦甚至是其他方面的经济损失，如果我们仅站在"局外人"的角度去思考和对待这个问题，将会导致投诉处理失败。

来源：国象邮政局组织编写. 快递客户服务与营销. 北京：人民交通出版社，2010.

(2) 认真询问，弄清事实真相并及时了解客户需求

圆满处理客户投诉的关键是寻找企业与顾客之间双赢的平衡点。获得双赢的前提就是仔细询问，弄清事实真相，同时了解客户内心真实的想法。要了解被投诉事件的责任者是企业还是客户本人；要了解客户投诉的是哪一个部门、哪一个工作人员；要了解客户反映的问题是企业规章制度、管理机制、业务水准、服务态度、承诺未兑现的问题，抑或是客户本人情绪的问题。

在客户倾诉的过程中，受理人员不要打断客户、怀疑客户，不要故意给客户设置投诉障碍，不要一味地强调己方的正确。跟客户交流时，受理人员要态度诚恳、和蔼可亲；要面带笑容、语速适中；要认真倾听、使用礼貌用语，让

客户感受到诚意。这样才能减少客户的心理障碍，增加客户的信任感，让客户放松下来、畅所欲言。同时受理人员要及时记录客户反映的信息，不要遗漏。通过与客户交流，要明确客户投诉的本意是希望解决问题、获得补偿、兑现承诺、得到尊重，抑或只是情绪的发泄。投诉处理最好是由第一个受理人员为客户提供信息收集、协调解决及投诉跟进的全过程跟踪服务。

(3) 在抱怨扩大之前解决问题，不要让投诉升级

投诉如果不能及时处理，很有可能会升级。处理投诉一定要注意时效性。处理投诉的关键在于沟通，要重视和客户的交流。处理客户投诉的重点不是分清责任，而是解决问题。处理客户投诉的积极态度是尽最大努力让客户满意。

事实真相明确之后，受理人员要迅速采取行动。如果客户对企业的投诉是客观事实，确实是企业的责任，企业就要接受客户的批评、向客户致歉并积极处理；如果客户投诉的事情不该由企业负责，企业也要向消费者表示感谢。受理人员在对客户进行解释时，要掌握说话的分寸，要严守公司机密。如果受理人员的服务态度或解决方案不能让客户满意，就要及时地更换职位更高的客服人员继续处理。

(4) 对客户投诉要及时跟进并适时回访

客户投诉的事情如果不能马上解决，受理人员就要对事件的处理及跟进，并适时地把事件的进展反馈给客户。如果不能及时跟进及适时反馈，客户自然就会认为企业是在敷衍了事，企业并没有解决问题的诚意。那么客户在焦急等待的过程中，负面情绪就会不断积累，不利于问题的妥善解决。

客户投诉处理完成以后，受理人员要适时地对客户进行回访。受理人员要对给客户带来的不愉快再次致歉，同时要对客户提出的意见或建议真诚地表示感谢。受理人员在回访时要营造和谐友好的谈话氛围，争取重新修补已经断裂的客户关系，争取再次赢得客户的信赖。

5. 快递公司客户投诉应对技巧的提升

(1) 树立以顾客为中心的客户服务理念

快递公司的产品是快递服务。没有全心全意的服务，就没有顾客的支持，那么企业就成了无源之水、无本之木，企业的生存就会岌岌可危。快递公司只有真正树立"客户第一"的服务理念，全方位地关注客户的每一个服务需求，为客户提供快捷、专业的服务体验，才能拥有旺盛的生命力。快递公司在其业务运转的每一个环节都要完全贯彻以顾客为中心的现代客户服务理念，培养和增进与顾客的感情，提高顾客满意度进而增强顾客忠诚度。

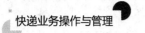

(2) 完善投诉处理机制

投诉的客户和不投诉的客户相比,更有意愿与公司继续保持业务关系。快递企业要建立畅通的客户投诉渠道,完善投诉处理机制,制定合理的赔偿标准并加强受理人员的执行力,才能够挽救投诉客户对企业的信心,才能够重新赢得客户的信任。

(3) 建立受理人员的培训机制

为了提升客户投诉的应对能力,快递公司要建立客户投诉受理人员的培训机制以提升受理人员的职业素养和服务意识。通过培训使受理人员面对客户投诉时可以做到:冷静而不失热情、公平而不失宽容。通过培训使受理人员能够跟客户进行耐心交流和有效沟通。

(4) 完善受理人员的奖惩机制

快递公司要树立"以人为本"的现代企业理念。有了忠诚的员工,才能有忠诚的顾客。投诉受理人员时常面对怒火冲天的客户会承受较大的心理压力,适当的激励措施是必要的。合理的奖惩机制可以使优秀员工的付出得到企业的肯定,可以让他们快乐地工作进而把快乐传递给客户,为企业增加正能量;同时可以使不努力工作的员工得到警示,促使他们向优秀员工学习,端正自己的工作态度。

优质客户服务是快递公司赢得客户忠诚度的关键。让我们借鉴沃尔玛的经营理念:第一条,顾客永远是对的;第二条,如有疑问,请参照第一条。

工作任务五 快递客户分层管理

一、客户分层管理的概念

市场竞争的日趋激烈,让越来越多的企业把"以客户为中心"作为自己的口号,在研发、设计、市场、销售、服务等各个环节,越来越强调了解客户需求、满足客户需要。但是,客户这么多,需求也各不一样,到底应该以哪个客户为中心?"以客户为中心"并不代表以所有的客户为中心。企业的人力、物力资源总是有限的,有限的资源投入要能够产生最大的产出,就必须把资源投入到最能够产生价值的客户身上。所以客户应该是分层次的、中心也应该是多层级的:具有最大价值的客户在最核心的位置,对他们需求的了解和满足也是最重要的,具有次要价值的客户则处于次核心的位置,对他们需求的了解和满足也处于次重要的位置,这就是所谓客户分层管理。

一般来说,快递企业可以按照客户付款金额均值、信誉度以及客户的综合实力将客户分为重点大客户、本地大客户、中型月结客户、普通月结客户、现金客户和高端散客。重点大客户和本地大客户统称为大客户;付款金额均值指客户等级划分的前 6 个月平均值。具体划分如表 7-1 所示。

表 7-1　快递客户划分标准

	客户等级	付款金额均值 X/(元/月)	参考内容
分级标准	重点大客户	—	即世界 500 强、中国企业 500 强、中国民企 500 强、行业标杆企业等高端客户群体
	本地大客户	$X \geqslant 10000$	可能需要提供非标准的服务流程与产品解决方案
	中型月结客户	$5000 \leqslant X < 10000$	—
	普通月结客户	$X < 5000$	付款金额、票均金额、信用等级
	现金客户	$X < 300$	即现金付款的非月结客户群体
	高端散客	$X \geqslant 3000$	寄件/付款金额均值 $\geqslant 3000$ 元;专业市场内的重点潜力大客户;在全国或当地具较大影响力的;与企业有合作记录和较大发展潜力的集团重点大客户/项目客户

二、快递客户分层的基本原则

1. 对等原则

客户服务标准的设置遵循客户等级(价值)越高,所匹配的服务菜单越超值的原则。

2. 调整原则

客户服务标准所列出的内容不是固定的,将根据客户需求变化以及公司发展状况和服务能力进行调整。

三、快递客户分层管理的内容

快递客户分层管理即根据客户的等级,制订相应的服务策略和服务标准,各级服务策略如表 7-2 所示。

表 7-2 快递客户分层管理各级服务策略

客户等级	客户需求	服务策略	服务标准
重点大客户	在专享服务的基础上，能够与客户的业务流程实现无缝对接；应致力于为客户提供整体的物流（快递）解决方案	为客户提供整体的物流（快递）与服务方案	定制服务、专享服务、增值服务、基础服务
本地大客户	在增值服务的基础上能够提供专享服务	改善客户关系，收集报备客户个性需求；1个销售人员负责50家客户的维护对接工作	专享服务、增值服务、基础服务
中型月结客户	在标准服务的基础上希望服务增值	服务增值，客服部电话营销人员负责该等级客户的维护工作	增值服务、基础服务
普通月结客户	在便捷服务基础上，能够提供质量稳定的服务	长期收集和定期调整服务与流程	增值服务、基础服务
现金客户	希望提供便捷的服务	完善服务与流程	基础服务
高端散客	在标准服务的基础上希望服务增值	服务增值，地区客服部负责该等级客户的维护工作	增值服务、基础服务

四、快递客户服务标准

1. 基础服务

基础服务指满足客户日常投递快件需求的服务，主要包括下单、快件追踪、投诉、理赔、需求与建议、积分计划、便捷服务工具等服务，如表 7-3 所示。

表 7-3 快递客户基础服务内容

基础服务	
下单	为客户提供多渠道的下单方式（如人工下单、网上下单、速运通电脑下单、手机下单等），保障线路畅通，及时为客户提供专业、热情、周到的优质服务
快件追踪	为客户提供多渠道的查单方式（如人工查单、网上查单、速运通查单、手机查单、短信查单、邮件订阅等），记录客户提供的快件信息，通过查单系统查询，核实客户身份并将快件状态及时反馈给客户
投诉	为客户提供多渠道的投诉途径（如人工客服、在线客服、全国投诉热线等），受理客户投诉问题、安抚客户情绪，详细、准确、完整记录客户投诉事件及进行调查核实，并将处理结果及时回复客户

续表

基 础 服 务	
理赔	受理客户合理的理赔诉求，按公司赔付标准与客户协商赔偿金额，确定赔偿金额后，提供相关资料办理赔金支付手续、支付赔金
需求与建议	为客户提供多渠道的建议与需求通道（如人工客服、在线客服、收派员、官网、手机等），确保客户需求与建议及时得到满足与解决
积分计划	寄快件、选服务均可获赠积分，积分分为基础积分和奖励积分两部分
便捷服务工具	通过电脑、手机的下单、查件及签收短信、寄件短信、短信查件、邮件订阅等查件工具

2. 增值服务

增值服务指在基础服务内容的基础上，利用公司资源额外提供给特定客户群体享受的配套服务内容，主要包括预约收派服务、个性化包装物料服务、积分差异化专享、电子专刊、免签回单、业务优先推荐、日常关注等服务，如表 7-4 所示。

表 7-4　快递客户增值服务内容

增 值 服 务	
预约收派服务	客户与公司（或收派员）双方协商约定，在指定的地点、指定的时间进行上门收件，一般情况下无需下单操作
个性化包装物料服务	根据客户所寄快件外包装状况，对外包装不符合运输要求的快件提供免费加固包装服务，并可根据客户的特殊需求，开发新型个性化包装物料，以更好地保护快件安全
积分差异化专享	在月结客户通用积分兑换渠道外，支持各区域按一定程度分客户层级设置礼品专享兑换区，为限定级别的客户专享，体现差异化分级服务策略
电子专刊	通过建立电子专刊，加强与客户之间的交流，并通过电子邮件的方式主动发送给客户
免签回单	在成功派送快件后，免费将寄件方客户提供的需收件方客户签名的收条或收货单之类的单据返回寄件方客户的服务
业务优先推荐	优先为客户宣传新产品、新服务信息，例如通过电话、邮件及派发宣传彩页等，适当情况下公司管理人员（主要指分点部负责人）、大客户销售人员等应主动上门拜访
日常关注	建立公司与客户之间双向沟通渠道，对客户进行定期服务回访，在传统节假日，主动发送祝福短信、邮件及赠送相关礼品（如中秋月饼、新年台历等），加强情感交流，同时遵循职位对等原则，如拜访客户高层时，邀请市场销售部/客服部高级经理或地区总经理参与

3. 专享服务

专享服务指公司根据某一家客户的企业、行业特点或性质，按该客户产品类型、服务流程或其他需求而提供的特殊的服务方式，包括绿色服务通道、国内转第三方支付、一对一财务服务、快速理赔、物料主动配发、赠送快递辅助工具、免收委托件服务费等，具体内容如表 7-5 所示。

表7-5 快递客户专享服务内容

专享服务	
绿色服务通道	呼叫中心大客户专线：为大客户设置服务专线，实现大客户来电免排队/免选择语音并直接转大客户专线坐席接听，优先接入以保障线路畅通。 大客户固话专线：在地区设置大客户固话专线，客户可直接拨打大客户专线由专人受理业务需求。 大客户工单受理：大客户工单实现系统自动识别流转至大客户代表专人受理，保障大客户问题处理效率
国内转第三方支付	客户使用公司提供的寄递服务，所产生的运费及增值服务费用（如保价费等），可根据客户的需要，由寄件、收件双方客户所在地区之外的国内其他地区的第三方客户支付
一对一财务服务	为大客户提供优先对账及开发票服务，同时，可提供Excel或PDF格式电子账单供客户选择
快速理赔	保价赔付标准：快件发生丢失或完全损毁的（快件价值完全丧失），足额投保的，按照声明价值进行赔偿；不足额投保，按照投保比例赔偿；快件发生部分损毁的（快件价值部分丧失），按照丧失部分的价值占比进行赔偿。 非保价赔付标准：由地区根据赔偿标准，经核实确认属实后进行赔偿
物料主动配发	每月定期根据客户业务特点主动配送相应物料，提高客户的满意度
赠送快递辅助工具	为方便客户收寄快件时进行预包装、称重、填单等准备工作，公司可考虑赠送客户快递辅助工具套装，如：手提秤、剪刀、签字笔等；对于使用电子运单较高的客户（每天10票以上），由公司赠送打印机供客户使用，方便客户操作及节省收派员的填写时间
免收委托件服务费	大客户委托件享受免收服务费的优惠，系统将会自动减免该项费用

4. 定制服务

定制服务指公司为高端客户提供咨询服务及为客户提供整体的物流（快递）解决方案，此类服务方式不存在通用性，一般包括为客户提供专业咨询服务、提供物流解决方案、根据客户要求提供项目型新服务模式等专门服务。如表7-6所示。

表7-6 快递客户定制服务内容

定制服务	
咨询服务	为客户提供快递、报关、报检、快递托寄物等相关的专业咨询服务，必要情况下可安排双方人员进行面对面交流或提供相关的培训支持
解决方案	根据客户的个性化需求、供应链流转、与上下游合作关系及紧急情况下的特殊服务模式等，为客户提供整体的物流（快递）解决方案
服务立项	根据客户的整体情况（如操作要求、快递规模等），设立服务项目小组和项目负责人，推进客户服务的整体工作，为客户提供项目型的新服务模式

情景小结

本情景首先分析了几类快递客户的购买行为，从而更有效地指导客户开发工作。然后，介绍了客户开发的过程及客户开发的技巧，介绍了快递业务推介的内容及方法，并分析了快递客户维护的方法和技巧。最后，又介绍了快递企业普遍采用的客户分层管理方法从而保证企业重要资源投入到最能够产生价值的客户身上，以便更好地为客户服务。

实训项目

1. 实训目标

通过对快递企业客服代表常见沟通问题的模拟训练，提高学生处理客户投诉的技能，掌握常见沟通问题的应对技巧。

2. 实训内容

模拟常见的客户投诉的情景，要求学生扮演客服代表，针对客户投诉的问题进行处理。

情景一：客户对航班延误的快件提出质疑时，当回复客户航班因天气原因影响或清关异常/查货导致快件延误时，客户提问：为什么其他公司没有受影响？

情景二：海关扣件，客户强烈要求第二天必须到件，并已极力与客户解释，客户不肯挂线，如何处理？

情景三：服务承诺口径方面的问题，比如客户问为什么客服小姐回答到件时间口吻不一？前一分钟咨询与后一分钟咨询到件时间都不一样？为什么你们客服人员与收派员的说法不一？

情景四：客户不停使用侮辱性语言时，多次提醒无效，客服人员应如何应答？客户提出无理要求时，客服人员应如何拒绝？譬如客户问你们说寄给我的地址超范围，要我自取或退回给寄方处理，你们公司这么大，难道就不会安排专人把件派过来吗？客户不接受更改派件方式加收 20 元，多次尝试说服未果，客户坚称不会增加费用并要求派件。

情景五：由于客服代表错误承诺，导致客户改寄其他公司产生问题后，致电到我司要求索赔，该如何回复。

情景六：已寄出的超范围快件，收方不愿意自取和改派，向客户解释，客户指责是公司的原因造成，就应由公司自行承担，不同意代转邮局等处理建议，坚持要求立即快递，且不能耽误派送时间，否则将要求赔偿其损失。客服该如何处理？

情景七：分拨错误导致延误派件（同城件）向客户致歉，客户不接受，并扬言其向上投诉得越激烈，是否公司赔付越多……并表示，不在乎赔多少，就是要在网上投诉，此类客户用意不在理赔，而在刻意制造负面影响，如何处理？

情景八：客户签收多日后反映物品部分遗失或损坏，但时间较长，对客服跟进带来一定难度，且也无法证实快件为运输途中损坏，但客户以我公司在运单背后条款中没有任何一项列出，快件签收多久才不能受理为由坚持要求赔偿。如何处理？

情景九：派送快件让门卫、前台或其他同事代签收时，为什么不同时知会收方客户本人，如果此件遗失，算谁的责任？

情景十：客户寄磁性物品，称以前寄过，为什么现在不可以？并表示能提供以往的单号。如何处理？

情景十一：他人代收快件，客户表示不满，投诉为何不派给本人？派件前为何不先电话确认客户是否在才派送？

情景十二：客户无单号，且快件已寄出几天但收方仍没收到件，要求查询快件目前情况。

情景十三：客户要求退件。为何一定要寄到目的地才能安排退回，不能到了中转场安排退回吗，耽误了快件时间。应如何处理？或者是客户询问此件特急。客户要求亲自到中转场或去机场取件，为何不能有此操作。为何不能特殊处理？应如何处理？

3. 实施步骤

（1）两人一组，分饰客户和快递客服两个角色进行。

（2）组织展开讨论，确定各个情景下客服应如何应对。

4. 检查评估

能　　力		自评（10%）	小组互评（30%）	教师评价（60%）	合计
专业能力（70分）	1. 客服的基本礼仪与规范（20分）				
	2. 处理客户投诉的方法的正确性（20分）				
	3. 处理客户投诉的应对技巧（20分）				
	4. 总结报告的撰写（10分）				
方法能力（30分）	1. 应变能力（10分）				
	2. 表达能力（10分）				
	3. 沟通能力（10分）				
	综合评分				

思考与练习

1. 如何进行快递客户的开发和业务推介?
2. 快递客户流失的原因有哪些?如何有效减少客户流失?
3. 快递客户维护的技巧有哪些?
4. 客户分层管理对快递企业来说有何意义?

学习情景八
快递与电子商务联动

快递业务操作与管理

工作任务一　快递与电子商务联动发展

一、电子商务对快递业务的推动作用

1. 电子商务市场规模

2011年中国网络购物市场交易规模延续2010年高速增长的态势，并且网络购物用户规模稳步增长，进一步带动网购市场快速发展。艾瑞咨询最近统计数据显示，2011年中国网络购物市场交易规模接近8000亿元，达7735亿元（如表8-1和图8-1所示），占到社会消费品零售总额的4.3%；同时，网络购物用户规模将达到1.87亿人。中国网络购物市场中，B2C市场增长迅猛，B2C市场将继续成为网络购物行业的主要推动力。另外电视购物也在近两年悄然兴起，发展迅速，网络购物与电视购物共同推动了快递业的发展。

表8-1　2006～2011年网络购物交易统计

指标	2006年	2007年	2008年	2009年	2010年	2011年
网络购物交易规模/亿元	263	560	1282	2630	4610	7735

注：数据来源于艾瑞咨询研究报告。

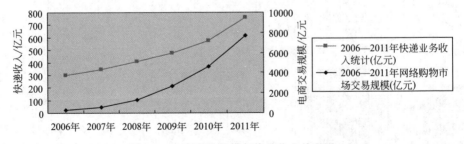

图8-1　电商交易规模与快递收入关联图

2. 电商的发展需要快递物流作为支撑

随着全球经济的快速发展，市场竞争瞬息万变，企业及个体消费者越来越期望通过电子商务平台购得所需物品。中国的电子商务发展到今天，由最早的8848、到人们耳熟能详的当当网、天猫等B2C企业及邮购企业，淘宝网等C2C的电子商务平台，物流是决定其成败的关键要素，于是从传统的货物运输服务中产生了一种具有快速及门到门两个特点的服务方式——快递服务。电子商务活动如果没有快递配送服务作支撑，就无法将虚拟世界和现实世界连接起来，因此快递在电子商务活动中起着举足轻重的作用，快递业在中国的发展时间虽然很短暂，却是一个高速发展、具有巨大发展潜力的产业。作为物流业高附加值的一端，在世界的经济发展舞台占有重要的地位。因此，电子商务要想获得大发展，必须和快递物流企业强强联合。

3. 电商对快递服务需求的变化趋势

电子商务的发展正在从拓展市场、吸引用户为重心，转移到以"客户体验"为核心，这种显著变化对快递行业的服务能力、服务水平、服务质量等方面提出了新的要求：

① 必须适应并满足用户更高频次、更小批量的购买需求；
② 必须尽可能缩短快递业务各个环节时限，适应并满足用户更高的时效性需求，提升用户体验；
③ 必须适应并满足商户和用户对物品安全性的更高要求；
④ 必须适应并满足企业和用户对服务和价格的更高要求。

4. 电子商务快递市场竞争主体

目前，电子商务快递市场主要有三大竞争主体。

(1) 国有快递企业

国有快递企业具体包括中国邮政、中铁快运等；这类企业机制不灵活，递送速度较慢，往往不会作为电商快递需求服务的首选。

(2) 外资快递企业

外资快递企业包括FedEx，UPS和DHL等跨国物流企业。因目前我国还没有面对这类快递企业完全放开国内的快递业务，但以后可能会放宽，这是一股潜在的竞争力量。

(3) 民营快递企业

民营快递企业包括顺丰速运、申通等大中型快递企业及天天、韵达等一些中小型快递企业，目前是为电子商务市场提供快递服务的主要力量。目前很多民营快递企业为电商诸如淘宝网、当当网等提供递送服务的业务量已经超过了企业整体递送量的一半，尤其不少小型的快递公司依靠网上购物的程度超过

80%，由此可见，电子商务业务将占有快递公司很大的比例，并且未来还有进一步扩大的可能。

二、快递业已成为制约电商发展的瓶颈

1. 快递业务服务跟不上电商发展的步伐

快递服务已经成为电子商务的延伸服务，很多网民在对电商服务评价或投诉的时候反馈最多的是快递服务这一块，原因是多方面的。

(1) 快递企业融资困难

民营快递企业融资上有困难，物流服务得不到改善；即便投入了一定的资金，却没有通过服务承诺和服务方式的手段在消费者中得到认可，电子商务企业很难依靠快递企业的服务来与竞争对手角逐。

(2) 快递企业利润空间小

电子商务企业只留给快递企业很小的利润空间，卖家一般从消费者收取10~15元的快递费，却只支付给快递公司5~8元。在这种压榨式的合作中，快递公司为了维持运营，只好想方设法降低运营成本，其结果就可想而知。

(3) 快递企业风险较大

卖家在物品包装上也是简单至极，把运输中更多的风险转嫁给快递公司。电子商务企业与快递公司之间的这种合作并不具有战略性，只是利益驱使下的简单合作，他们并没有共同去消除发展中的障碍，更多的是快递公司被不断地压榨，从这个意义上说，快递服务的落后在一定程度上是与电子商务企业紧密相关的。

2. 电商企业的应对措施

快递服务质量已成为制约行业健康可持续发展的瓶颈。为突破这一瓶颈，电子商务企业开始将触角伸至快递业。

(1) 入股快递企业

电商企业通过入股快递企业的方式来提升对物流环节的管控能力，阿里巴巴在2010年的时候曾投资5000万元入股民营快递星辰急便，双方计划在电子商务配送服务方面进行合作。虽然后来并未成功，但也是一种合作上的尝试。

(2) 自建物流

部分大型的电商企业选择自建物流系统。如京东、凡客和唯品会先后向国家邮政局提交快递业务申请，并获得通过。电子商务巨头阿里巴巴集团更

是宣称将通过"物流宝"平台大力推进物流信息管理系统建设,并投入上百亿元兴建全国性仓储网络平台。该平台一旦建成,对快递业将产生深远影响。总的来讲电商企业自建物流体系是会缓解快递业的供需矛盾。大量跨省快递将转变为同城快递,租不到飞机、火车而影响寄递速度的情况,以及长距离运输造成的快件损毁情况或将相应减少,网购快递服务质量也有望因此提升。

新闻里频现的"快递爆仓"、"快递变慢递"、"暴力分拣"、"让包裹飞"、"笔记本、手机变砖头"、"霸王条款"等现象,充分暴露了快递业存在的诸多问题,而这些负面宣传的最终受害者只能是电子商务企业。因此电子商务企业纷纷开始自建或者加强与国内外快递企业的合作,加强对最后一环的控制,打破快递瓶颈。

知识链接　快递服务成为影响电商客户满意度的主要因素

DHL全球电子商务报告对全球12个国家和地区的621家公司所做的调查表明:62%网上消费者希望两天之内收到货物,而实际要等到4天;20%的在线消费者不能按时收到他们所订购的货物。2011年2月,CNNIC《2010年中国网络购物市场研究报告》显示,用户对网络购物各环节满意度评价中,对快递物流环节的满意度仅为75.10%(图8-2)。而"用户网络购物不满意的原因"中:涉及快递物流环节的有"伪劣或残损物品(26.70%)"、"送货时间太长(12.30%)"、"送货时货物丢失或损坏(5.00%)"、"快递人员态度不好(3.60%)"以及"运费过高(1.40%)"共5项内容(图8-3)。快递服务质量的好坏,已经成为严重影响整个电子商务活动流程的制约因素。

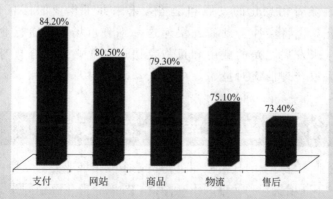

图8-2　用户对网络购物各环节满意度评价

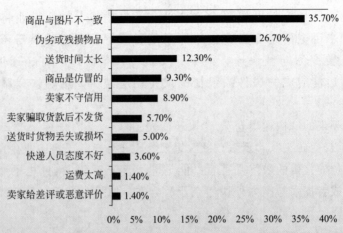

图 8-3　用户网络购物不满意的原因

来源：CNNIC《2010 年中国网络购物市场研究报告》。

工作任务二　快递业的跨界经营

大部分民营快递企业对电商的依赖性还很强，但随着各大电商自建物流体系，自行开展配送业务，使得以电商业务为主的快递企业必将面临生存危机。同时随着信息化的发展和趋势，未来办工作业的信息化，单据、信函的无纸化，也将会冲击到商务快递这一细分市场，快递行业应当清醒地认识到其未来发展之路的威胁和挑战，快递企业必须结合自身所处的环境和优劣势采取合理的应对措施，应重点从增强自身实力和扩大业务等方面考虑。

一、介入价值链上游——电商领域

当今快递业本身竞争的日益激烈也是快递企业拓展业务的主要原因。人力成本、油价的不断增长，利润率的不断降低，导致企业生存空间受到挤压，这些恰恰逼着快递企业不得不寻找新的收入来源，拓展自己的发展空间。另外，快递企业靠规模取胜，几年后，电商或许会成为规模企业的标配，快递业在此当口若逐步向上游跨界突围，或许能增加收入、提高附加值，在一定程度上帮助物流业渡过难关。这里提出两种介入上游电商的方式。

1. 通过整合上游供应商，介入价值链上游电商领域，实现跨界经营

快递企业可通过整合供应商，利用自身品牌的影响力自建电子商务平台，通过电商和快递一体化运营，实现跨界经营。这样做的好处是可以将上游完全掌控在自己的手中，并充分利用自己已经建立起来的品牌影响力，和自己的核心竞争力，为客户提供高质量、高标准的服务体验。同时，电子商务行业和快递行业的关联性很强，快递业也确实有其先天的优势，比如在物流网店和客户数据方面，抑或在为大电商做配送服务的过程中，快递企业比较了解电商客户的类别与需求。当然贸然直接进入这一领域也有其不利的因素，首先这一领域并不是快递企业所擅长的领域，缺乏相应的人才、资金和运营模式；其次快递企业自建商务平台，需要解决电子网络支付问题，也要经历建设、推广、客户接受到认同的发展历程，虽然可能因其自身的品牌影响力使得这个时间较短，但是也要有心理预期和一定量的资金储备。

知识链接 顺丰 E 商圈网站

SF 的 E 商圈网站是 2010 年 3 月在广东省工信局完成备案的，上线至今不过一年时间，目前出售商品主要有商务礼品、母婴用品、茶叶、数码等。此外，SF 还专门研发了自己的支付工具——"SF 宝"。目前仍在尝试阶段。从公司电商业务现状看，仍存在着一些缺陷。首先是快递做电商不专业，购买流程设置、处理订单速度、退款、客服等不到位，另外，快递公司对自己网站的推广还不够，加上商品种类少、成交量上不去。未来还有大量的工作要做。

来源：http：//money.163.com/10/1014/15/6IVDK3FC00252605.html.

2. 与电商企业合作，互补短板

通过和电商企业诸如一号店、当当网等电商合作，相互投资，以联盟的形式进行经营，实现 1+1＞2。凭借快递企业网点覆盖范围和电商企业的互联网技术为用户提供服务，并且双方本身能够业务互补，凭借各自的优势资源实现强强联合，这是一种双赢的状态。也可以与京东、凡客诚品和易迅网等已经建立配送体系的电商开展合作，电商平台的自建物流很容易暴露出一般只能覆盖沿海发达地区以及规模较大城市的短板。快递企业可以为这类自建物流体系的

电商提供他们无覆盖区域配送业务,通过战略合作来互补短板。这种方式,在合作过程中双方可能将各自的核心数据和信息展示给对方,会给彼此的合作带来一定的风险。

目前,除了 EMS,大部分快递企业只是做一些大中型城市,服务网点没有铺设到中等城市和偏远地区的城市,导致快递企业的服务范围有一定局限性。所以,快递企业要想介入电商领域首要任务就是扩大其网点的覆盖率。

二、介入价值链下游——零售终端

快递企业进入零售业并非单纯为零售业而来,降低快递成本、增加站点收件和派送的规模才是快递企业的真正的目的。未来的快递的竞争会从最后 1 千米延伸至最后 100 米,快递企业如何解决这一难题,实现客户满意度的提升,会成为快递企业取得成功的关键。快递介入终端零售领域,使两个原本不关联的业务融合起来,以提升和满足客户多元化服务需求,可以算是一种独特的尝试。此举国外的快递业巨头已经有过先例。

知识链接 UPS 和 FedEx 的便利店

2001 年 UPS 通过并购拥有了特许经营公司 Mail Boxes etc(以零售货运、邮政和商业服务中心著称)后开始向零售业进军。两年内,约有 3000 家重新印上"The UPS Store"商标的 Mail Boxes etc 在美国相继出现,并提供更优惠的 UPS 服务。这些商店仍保留一贯的便捷与一流的服务,在当地拥有、经营且继续提供相同项目的邮政和商业服务。

2004 年,联邦快递(FedEx)动用 24 亿美金收购金考公司(Kinko's),收购之前,金考在全世界拥有 1200 家分店,是当时全球最大的提供印刷复印服务的连锁零售店。联邦快递认为,金考的文档解决方案和商业服务能够从战略层次上满足自己的快递服务需要。收购后的新公司名为 FedEx Kinko's(联邦快递金考),现在是全球最大的快印连锁公司,其主要门店均位于商业繁华区域,且均为 24 小时营业,为客户提供了最大的便利。

来源: http://www.21cbr.com/html/magzine/2012/2012011089/gongsi/2012/0103/8910.html.

由于有两家国际快递巨头的先例,快递企业进军零售业其实算不上创新,只是我国快递企业并没有像快递巨头 UPS、FedEx 那样拥有庞大的资金来进行大规模的并购，只能通过其他的形式来运作。

快递企业进入终端零售领域可以以两种形式实现。

(1) 现有网点转型

在现有网点的基础上进行转型，直接自行开店，以提供收派件服务为主，兼营便利店业务同时起到对自己电商产品的展示功能。

(2) 与连锁店、超市进行合作

另外也可以选择合作的方式，通过和连锁店、超市进行合作，在合作的连锁便利店和超市里挂上自己的寄件招牌，提供便捷灵活的快递服务。客户到便利店寄送快件还可以享受优惠价格。此举可以迅速扩大自己的网络资源，增加网点数量，延长收发件时间，方便客户全天候就近取件。另外也可以拓展便利店的展示功能。

快递企业进入到零售行业，存在一定的风险。毕竟，零售业是繁琐且薄利的行业，从供应商资源到管理十分复杂，便利店竞争极为激烈，即便是专业经营便利店行业的公司现在都背负很大压力，对于缺乏零售经验的快递企业，这会是一种全新的挑战。

相信如果快递企业能够成功地介入电商和零售终端领域，其未来的发展方向可以将便利店、快递和电子商务进行融合发展。

情景小结

本情景首先分析了我国电子商务市场的发展规模，及其对快递服务需求的变化趋势；然后分析了电商企业在面临快递服务的短板时所采取的应对措施；最后分析了快递企业在加强自身实力的同时，需要进行跨界经营来应对未来的挑战和危机，其跨界经营的形式可分为介入价值链上游——电商领域和介入价值链下游——零售终端。

实训项目

1. 训练目标

通过对电商企业自建物流体系和快递企业调研，进一步了解电商企业自建物流所提供的服务内容或流程与一般快递企业的差异。了解电子商务物流运作模式，熟悉电子商务作业流程。

2. 训练内容

进入电商企业京东商城、凡客诚品和快递企业宅急送及申通的官方网站，分别

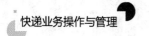

了解其所提供电商快件服务的内容流程或标准。

3. 实施步骤

(1) 进入电商企业京东商城、凡客诚品和快递企业宅急送及申通的官方网站，分别了解其所提供电商快件服务的内容流程或标准，并进一步分析其异同；

(2) 以4～6人小组为单位进行操作，并确定组长为主要负责人；

(3) 搜集资料，将各个环节操作流程、内容和工作要点填入下表，完成工作计划表；

序号	工作名称	工作内容	工作要点	责任人	完成日期

(4) 整理资料，撰写总结报告并制作PPT进行汇报。

4. 检查评估

能力		自评（10%）	小组互评（30%）	教师评价（60%）	合计
专业能力（60分）	1. 业务流程或内容表述准确性（20分）				
	2. 服务差异分析的合理性（20分）				
	3. PPT的制作（20分）				
方法能力（40分）	1. 信息处理能力（10分）				
	2. 表达能力（10分）				
	3. 创新能力（10分）				
	4. 团队协作能力（10分）				
综合评分					

思考与练习

1. 电商对快递服务需求变化趋势是什么?
2. 快递企业进入终端零售领域的形式可分为哪几种?

附录一 《快递服务》国家标准

(节选第1、第3部分)

快递服务 第1部分：基本术语

1 范围

GB/T 27917 的本部分规定了快递服务的基础概念，以及与快递业务种类、服务要素、服务环节、服务质量相关的基本术语。

本部分适用于快递服务相关的经营、管理、教学、科研等活动。

2 基础概念

2.1 快递服务 express service; courier service

在承诺的时限内快速完成的寄递服务。

[GB/T 10757—2011，定义 2.6]

2.2 快递服务组织 express service; organization

在中国境内依法注册的，提供快递服务 (2.1) 的企业及其加盟企业、代理企业。

注：快递服务组织包括快递企业和邮政局企业提供快递的机构。

2.3 快件 express item

快递服务组织 (2.2) 依法递送的信件、包裹、印刷品等的统称。

注：改写 GB/T 10757—2011，定义 5.2.1。

2.4 快递业务员 operational express service provider

使用快递专用工具、设备和应用软件系统，按照快递属性要求，从事快件 (2.3) 收寄、分拣 (5.2.2)、封发 (5.2.3)、快递等工作的人员。

2.5 快递业务网络 express service network

快件 (2.3) 收寄、分拣 (5.2.2)、封发 (5.2.3)、运输、投递、查询等所依托的实体网络和信息网络的总称。

3 业务种类

3.1 按寄达范围划分的快递业务

3.1.1 国内快递 domestic express service

从收寄到投递的全过程均发生在中华人民共和国境内的快递业务。

3.1.1.1 同城快递 intra-city express service
寄件地和收件地在中华人民共和国境内同一城市的快递业务。

3.1.1.2 省内异地快递 intra-province express service
寄件地和收件地分别在中华人民共和国境内同一省、自治区中不同地区的快递业务。

3.1.1.3 省际快递 inter-province express service
寄件地和收件地分别在中华人民共和国境内不同省、自治区、直辖市的快递业务。

3.1.2 国际快递 international express service
寄件地和收件地分别在中华人民共和国境内和其他国家或地区（中国香港特别行政区、中国澳门特别行政区、中国台湾地区除外）的快递业务，以及其他国家或地区间用户相互寄递但通过中国境内经转的快递业务。

3.1.2.1 国际进境快递 international inbound express service
国际进口快递
收件地分别在中华人民共和国境内，寄件地在其他国家或地区（中国香港特别行政区、中国澳门特别行政区、中国台湾地区除外）的快递业务。

3.1.2.2 国际出境快递 international outbound express service
国际出口快递
寄件地在中华人民共和国境内，收件地在其他国家或地区（中国香港特别行政区、中国澳门特别行政区、中国台湾地区除外）的快递业务。

3.1.3 港澳台快递 express service to/from Hong Kong, Macao and Taiwan
寄件地和收件地分别在中华人民共和国境内和中国香港特别行政区、中国澳门特别行政区、中国台湾地区的快递业务。

3.2 快递增值业务

3.2.1 代收货款 cash on delivery
快递服务组织（2.2）接受委托，在投递快件（2.3）的同时，向收件人收取货款的业务。

3.2.2 签单返还 receipt collect service
快递服务组织（2.2）在投递快件（2.3）后，将收件人签收或盖章后的回单（4.3.4）返回寄件人的业务。

3.2.3 限时快递 time definite express
快递服务组织（2.2）在限定的时间段内将快件（2.3）送达用户的快递业务。

3.2.4 专差快递 on board courier
快递服务组织（2.2）指派专人以随身行李的方式寄递快件（2.3）的快递

业务。

4 服务要素

4.1 快件

4.1.1 按内件性质划分的快件

4.1.1.1 信件类快件 articles express item

以套封形式缄封的，内件是按照名址递送给特定个人或者单位的信息载体的快件（2.3），不包括书籍、报纸、期刊等。

4.1.1.2 物品类快件 articles express item

用快递封装用品封装的，内件是按照名址递送给特定个人或者单位的商品等物品的快件（2.3）。

4.1.2 特殊快件

4.1.2.1 改寄件 express item corrected address

快递服务组织（2.2）受用户委托，变更原投递地址，寄往新地址的快件（2.3）。

4.1.2.2 委托件 express item with corrected by a third party

快递服务组织（2.2）受第三方委托，前往寄件人处取件（5.1.2）后送达收件人的快件（2.3）。

4.1.2.3 自取件 express item by self pick-up

到达约定目的地后，由收件人自行提取的快件（2.3）。

4.1.2.4 到付件 freight collect express item

由收件人支付快递运费的快件（2.3）。

4.1.3 异常快件

4.1.3.1 拒付件 freight collect refusal express item

收件人拒收支付寄递约定的各种费用的快件（2.3）。

4.1.3.2 拒收件 signature refusal express item

收件人拒绝签收的快件（2.3）。

4.1.3.3 错发件 mis-delivered express item

实际送达名址与收件人名址不符的快件（2.3）。

4.1.3.4 无着快件 undeliverable express item

无法投递且无法退回寄件人、无法投递且寄件人声明放弃、无法投递且保管期满仍无人领取的快件（2.3）。

4.1.3.5 破损件 express item with damaged packing

因包装不良、操作不当等原因，导致包装破损的快件（2.3）。

4.1.3.6 损毁件 damaged express item

因包装不良、操作不当等原因，导致内件部分或全部价值损毁的快件（2.3）。

4.1.3.7 丢失件　lost express item
在寄递过程中单一快件（2.3）全部丢失，或其内件部分丢失的快件（2.3）。

4.2 服务人员

4.2.1 收派员　courier
从事上门揽收快件（2.3）和投递快件（2.3）工作的人员。

4.2.2 处理员　courier
从事快件（2.3）分拣（5.2.2）、封发（5.2.3）、转运等工作的人员。

4.2.3 客服人员　customer service representative
在呼叫中心（4.4.4）快递营业场所（4.4.1）专门受理收寄、查询、投诉（5.6.1）、索赔等申请或业务咨询的人员。

4.2.4 国际快件报关员　customs broker
通过全国报关员资格考试，依法取得报关从业资格，并在海关注册登记，代表快递服务组织（2.2）向海关办理国际快件以及港澳台快件报关业务的人员。

4.3 服务单据

4.3.1 快递运单　express waybill
快件详情单
用于记录快件（2.3）原始收寄信息及服务约定的单据。
[GB/T 10757-2011，定义 4.12]

4.3.2 改寄申请单　application form for address correction
寄件人申请改变收件人地址所填写的单据。

4.3.3 索赔申告单　claim authorization form
用户申请快件（2.3）赔偿时所填写的单据。

4.3.4 回单　interchange receipt
应寄件人要求，在收件人签收快件（2.3）的同时，需收件人签名或盖章后返还给寄件人的单据。

4.3.5 快件报关单　customs declaration form
进出口快件用户或其代理人，按照海关规定的格式对进出口快件的实际情况做出书面申明，以此要求海关对其快件按适用的海关制度办理通关手续的单据。

4.3.6 形式发票　proform invoice
按照海关要求提供的，证明所寄物品品名、数量、价值等，以便海关进行监管的报关文件。

4.4 服务设施设备及用品

4.4.1 快递营业场所　business premises for express service
快递服务组织（2.2）用于提供快件（2.3）收寄服务及其他相关服务的场所。

注：改写 GB/T 10757—2011，定义为 4.9。

4.4.2 快递处理场所 express handling area

快递服务组织（2.2）专门用于快件（2.3）分拣（5.2.2）封发（5.2.3）交换、转运、投递等处理活动的场所。

注：改写 GB/T 10757—2011，定义为 4.10。

4.4.3 海关快件监管场所 customs supervised area

快递服务组织（2.2）按照海关要求设置的用于办理国际快件及港澳台快件海关监管业务的场所。

4.4.4 呼叫中心 call center

快件服务组织（2.2）利用现代通信与计算机技术，主要处理快件（2.3）寄递过程中各种电话呼入和呼出业务的运营操作场所。

4.4.5 跟踪查询系统 express item tracking system

通过条码、阅读器等手段，记录快件（2.3）从收寄到投递全过程信息，供用户随时获取快件（2.3）寄递状态和结果的信息系统。

4.4.6 手持终端 personal digital assistant

在快件（2.3）收寄、分拣（5.2.2）和投递等过程中，用于扫描快件（2.3）条码进行相关信息处理的一种便携设备。

4.4.7 快递封套 envelope for express service

以纸板为主要原料，经模切、印刷和黏合等加工后，制成提供给用户使用的可装载快件（2.3）的信封式封装用品。

[GB/T 16606.1—2009，定义 3.1]

4.4.8 快递包装箱 packing boxes for express service

以瓦楞纸板为主要原料，经模切、压痕、印刷和钉合等加工后，制成提供给顾客使用的可装载快件（2.3）的箱式封装用品。

[GB/T 16606.2—2009，定义 3.1]

4.4.9 快递包装袋 packing bags for express service

提供给用户使用的可装载快件（2.3）的袋式封装用品。

5 服务环节

5.1 收寄

5.1.1 接单 order-taking

快递服务组织（2.2）接受寄件人寄件要求，将寄件人信息录入、核实并下发给指定收派员（4.2.2）的过程。

5.1.2 取件 pick up

快递服务组织（2.2）收取快件（2.3）的过程。

5.1.3 验视 content inspection

快递服务组织（2.2）在收件时查验用户交寄的快件（2.3）是否符合禁寄、限寄规定，以及用户在快递运单（4.3.1）上所填报的内容是否与其交寄的实物相符的过程。

注：改写 GB/T 10757—2011，定义7.2。

5.1.4 封装 packing

根据内件性质、寄递要求等，选用适当包装材料对快件（2.3）进行包装的过程。

5.2 内部处理

5.2.1 快件编号 tracking number of express item

由一组阿拉伯数字和英文字母组成，印制在快递运单（4.3.1）上用于标识快件（2.3）的唯一的代码。

5.2.2 分拣 sorting

将快件（2.3）按寄达地址信息进行分类的过程。

注：改写成 GB/T 10757—2011，定义7.3。

5.2.3 封发 dispatching

按发运路线将快件（2.3）进行封装（5.1.4）并交付运输的过程。

注：改写 GB/T 10757—2011，定义7.4。

5.2.4 快件总包 consolidated dispatch

混装在一个容器内，同一路由、同一种类的快件（2.3）的集合。

5.3 报关与报检

5.3.1 报关 customs declaration

在快件（2.3）进出关境或国境时，由快递服务组织（2.2）或其代理报关人向海关申报，交验规定的单据和快件（2.3），申请办理进出口手续的过程。

5.3.2 通关 customs clearance

清关

海关对快递服务组织（2.2）或其代理人报关呈交的单据和快件（2.3）依法进行审核、查验、征收税费、批准进出口的全部过程。

5.3.3 报检 declaration for quarantine inspection

快递服务组织（2.2）或其代理报检人根据有关法律、法规的规定，向检验检疫机构申请对国家快件以及港澳台快件进行检验检疫、鉴定，以获得出入境的合法凭证及某种公证证明所必须履行的法定程序和手续。

5.4 投递

5.4.1 首次投递 first delivery

快递服务组织（2.2）按规定第一次将快件（2.3）投交收件人或其指定的

代收人的过程。

5.4.2 复投 second delivery

快件（2.3）首次投递（5.4.1）未能投交，快递服务组织（2.2）进行的第二次投递。

5.5 查询

5.5.1 查询 inquiry

用户向快递服务组织（4.1.1）查找，询问已交寄的快件寄达状态或处理结果的过程。

5.5.2 查询信息有效期 valid period for inquiry

自快件（2.3）收件之日起，到快递服务组织（2.2）可受理用户的最长时间间隔。

5.6 投诉与申诉

5.6.1 投诉 complaint

用户对快递服务组织（2.2）提供的服务不满意，向快递服务组织（2.2）、快递协会或消费者协会提出请求处理的行为。

5.6.2 投诉有效期 valid period for complaint

自快件（2.3）收寄之日起，到快递服务组织（2.2）可受理用户投诉（5.6.1）的最长时间间隔。

5.6.3 申诉 appeal

用户投诉（5.6.1）后，在一定时间内没有得到处理，或对投诉（5.6.1）处理结果不满意，向邮政管理部门提出请求处理的行为。

5.6.4 申诉时限 time limit for appeal

自申诉事件发生之时起，到邮政管理部门可受理用户申诉的最长时间间隔。

5.7 赔偿

5.7.1 快件延误 delay of express item

快件（2.3）首次投递（5.4.1）时间超出快递服务组织（2.2）承诺的快递服务时限（6.1.1），但尚未超出彻底延误时限（6.1.3）。

5.7.2 快件丢失 loss of express item

快件服务组织（2.2）寄递快件（2.3）过程中发生的单一快件（2.3）全部丢失或快件（2.3）内件部分丢失。

5.7.3 快件损坏 damaged to express item

快件服务组织（2.2）寄递快件过程中，快件（2.3）破损或毁坏致使快件（2.3）失去部分价值或全部价值。

5.7.4 内件不符 unconformity of contents

内件的品名、数量或重量与快递运单（4.3.1）信息不符。

6 服务质量

6.1 服务时限

6.1.1 快递服务时限　time limit form pick-up to first delivery

快件全程时限

快件服务组织（2.2）从收寄快件（2.3）到首次投递（5.4.1）的时间间隔。

注：改写 GB/T 10757—2011，定义 8.7。

6.1.2 查询答复时限　time limit for inquiry reply

快递服务组织（2.2）自受理快件（2.3）查询之时起，到答复用户查询结果的时间间隔。

6.1.3 彻底延误时限　time limit for completely delayed service

从快递服务组织（2.2）承诺的快递服务时限（6.1.1）到达之时起，到用户可以将快件（2.3）视为丢失的时间间隔。

6.1.4 投诉处理时限　time limit for complaint handling

快递服务组织（2.2）自受理用户投诉（5.6.1）之时起，到完成用户投诉（5.6.1）处理的时间间隔。

6.1.5 索赔处理时限　time limit for claim handling

快递服务组织（2.2）自受理用户索赔之时起，到答复用户赔偿方案的时间间隔。

6.2 服务评价

6.2.1 时限准时率　on-time delivery rate

在一段时间内，快递服务组织（2.2）准时投递快件（2.3）的件数与收寄快件（2.3）总件数的比率。

6.2.2 快件丢失率　rate of lost express items

在一段时间内，快递服务组织（2.2）丢失件（4.1.3.7）的件数与收寄快件（2.3）的总件数的比率。

6.2.3 快件损毁率　rate of damaged express items

在一段时间内，快递服务组织（2.2）损毁件（4.1.3.6）的件数与收寄快件（2.3）总件数的比率。

6.2.4 用户投诉率　customer complaint rate

在一段时间内，快递服务组织（2.2）受理用户投诉（5.6.1）的快件（2.3）件数与收寄快件（2.3）总件数的比率。

快递服务 第3部分：服务环节

1 范围

GB/T 27917 的本部分规定了国内快递业务服务环节，以及国际、中国港澳台快递业务在国内服务环节的具体要求。

本部分适用于提供国内、国际及中国港澳台快递服务的组织和人员。

2 规范性引用文件

下列文件对于本文件的应用是必不可少的。凡是注日期的引用文件，仅所注日期的版本适用于本文件。凡是不注日期的引用文件，其最新版本（包括所有的修改单）适用于本文件。

GB/T 27917.1 快递服务：基本术语

3 术语和定义

GB/T 27917.1 界定的术语和定义适用于本文件。

4 总则

4.1 系统优化

快递服务组织应制定完备的业务流程及操作规范，确保各环节密切配合、协调作业。

4.2 质控严格

各环节的操作应符合业务流程及操作规范的要求，确保快递服务质量。

4.3 信息完备与协调

各环节的作业信息应记录完整、清楚、准确，及时上传网络，确保快件及其相关信息协调一致。

4.4 作业安全

各环节作业过程中，应制定安全保障措施，确保快件寄递安全和信息安全。

5 国内快递业务

5.1 概述

国内快递业务的服务环节主要包括：收寄、分拣、封发、运输、投递，以及查询、投诉和赔偿等。

5.2 收寄

5.2.1 收寄形式

收寄应主要包括上门收寄和营业场所收寄两种形式。

5.2.2 上门收寄

5.2.2.1 接单

快递服务组织接单应满足以下要求：

a）记录用户姓名、取件地址、联系方式、快递种类、快件品名、快件目的地等相关信息；

b）约定取件时间；

c）若不能提供快递服务，以适当的方式及时告知用户。

5.2.2.2 取件

快递服务组织接单后应立即通知收派员取件。

收派员取件包括以下要求：

a）取件时间宜在 2 小时内，有约定的除外；

b）应统一穿着具有组织标识的服装，并佩戴工号牌或胸卡；

c）应携带必备的快递运单、快递封装用品和计量器具等；

d）取件后，应及时将快件送交快递营业场所或快递处理场所。

5.2.3 营业场所收寄

在营业场所收寄时，快递服务组织应：

a）告知服务范围、服务时限、服务费用、物品禁限寄规定等；

b）为用户提供基本的用品用具。

5.2.4 验视

5.2.4.1 验视要求

收派员应要求用户如实告知快件内件的种类和性质。

对用户交寄的信件，必要时快递服务组织可要求用户开拆，进行验视，但不应检查信件内容。对用户交寄的信件以外的快件，快递服务组织收件时应当场验视内件，用户拒绝验视的，不予收寄。

验视时，应满足以下要求：

a）查验用户交寄的物品是否符合国家禁限寄规定以及是否与快递运单上所填报的内容相符；

b）发现禁寄物品，应拒绝并向寄件人说明原因；

c）发现限寄物品，应告知寄件人处理方法及附件费用。

5.2.4.2 特殊情况

经验视，收派员仍不能确定安全性的存疑物品，应要求寄件人出具相关部门的安全证明，否则，不予收寄。

快件服务组织收寄已出具安全证明的物品时，应如实记录收寄物品的名称、规格、数量、收寄时间、寄件人和收件人名地址等信息，记录保存期限应不少于 1 年。

5.2.5 封装

5.2.5.1 封装形式

快件的封装应主要包括快递业务员负责封装和寄件人自行封装两种形式。

5.2.5.2 重量与规格

快件的单件宜满足以下要求：

a) 单件质量不超过 50 公斤；

b) 包装规格任何一边的长度不超过 150 厘米，长、宽、高三边长之和不超过 300 厘米。

5.2.5.3 一般要求

封装时应使用符合国家标准和行业标准规定的快递封装用品。

封装时应防止快件：

a) 变形、破裂、损坏或变质；

b) 伤害用户、快递业务员或其他人；

c) 污染或损毁其他快件。

快递业务员负责封装，需要寄件人支付费用时，应在封装前告知用户所需费用。

5.2.5.4 具体要求

对信件、包裹和印刷品的封装，应满足以下要求：

a) 信件封装以不影响快递封套的正常封口为准，封装完成后，应在快递封套的显著位置标注"信件"字样，不应将信件打包后作为包裹寄递；

b) 包裹封装应综合考虑寄递物品的性质、状态、体积、质量、路程和运输方式等因素，选用适当的方式封装；

c) 印刷品应平直封装。

5.2.6 称重与计费

快件服务组织应使用秤、卷尺等计量用具测量快件的实际重量和体积重量，确定正确的计费重量，并根据计费重量、服务种类等确定服务费用。

快递服务组织应在提供服务前告知用户收费依据、收费标准或服务费用。

寄件人支付费用后，快递服务组织应向寄件人提供发票。

5.2.7 快递运单填写

5.2.7.1 提示

填写快递运单前，快递服务组织应提醒寄件人阅读快递运单的服务合同条款，并建议寄件人对贵重物品购买保价或保险服务。

5.2.7.2 填写要求

寄件人应按照相关要求填写快递运单，以确保：

a) 字迹清楚、工整；

b) 内件品名、种类、数量等信息填写准确；

c) 寄件人姓名、地址、联系方式，收件人姓名、地址、联系方式等内容填写完整。

5.2.8 录入收寄信息

快件收寄后,应及时录入收寄信息并按规定上传网络。

5.3 内部处理

5.3.1 概述

快件内部处理主要包括分拣、封发、运输等环节。

如在内部处理过程中发现禁寄物品,应立即停止寄递,对各种反动报刊、书籍、淫秽物品、毒品及其他危险物品,应及时通知公安机关处理,并及时报告当地邮政管理部门。

5.3.2 分拣

分拣包括以下要求:

a) 应按收件地址、快件种类、服务时限要求等依据进行分拣;

b) 应分区作业;

c) 文明分拣,不应野蛮操作,快件分拣脱手时,离摆放快件的接触面之间的距离不应超过 30 厘米,易碎件不应超过 10 厘米;

d) 小件物品及文件类快件,不宜直接接触地面;

e) 应准确将快件分拣到位,避免出现错分滞留现象;

f) 应及时录入分拣信息,并按规定上传网络。

5.3.3 封发

封发包括以下要求:

a) 应准确封发,防止错发漏发;

b) 应对中途需要中转的以及小件物品,建立总包进行封发;

c) 应及时录入封发信息,并按规定上传网络。

5.3.4 运输

运输包括以下要求:

a) 在快件的装载和卸货环节,应确保快件不受损害,核对快件数量和重量,如有发现异常快件,应及时记录,并注明处理情况。

b) 如需转运,应严格按照中转时限转发;

c) 应按照规定路由进行运输,若出现特殊情况,致使原规定的路由不适用时,可根据实际情况调整计划,并做好记录;

d) 应及时录入运输信息,并按规定上传网络。

5.4 投递

5.4.1 形式

投递形式应主要包括按名址面交、用户自取或与用户协商投递三种形式。

5.4.2 按名址面交
5.4.2.1 投递时间
快递服务组织投递应不超出向用户承诺的服务时限。
5.4.2.2 人员着装
收派员投递时应统一穿着具有组织标识的服装，并佩戴工号牌或胸卡。
5.4.2.3 投递次数
快递服务组织应对快件提供至少2次免费投递。
投递2次未能投交的快件，收件人仍需要快递服务组织投递的，快递服务组织可收取额外费用，但应事先告知收件人收费标准。
5.4.2.4 快件签收
5.4.2.4.1 验收
收派员将快件交给收件人时，应告知收件人当面验收快件。快件外包装完好，由收件人签字确认。如果外包装出现明显破损等异常情况的，收派员应告知收件人先验收内件再做签收，快递服务组织与寄件人另有约定的除外。
对于网络购物、代收货款以及与客户有特殊约定的其他快件，快递服务组织应按照国家有关规定，与寄件人（商家）签订合同，明确快递服务组织与寄件人（商家）在快件投递时验收环节的权利义务关系，并提供符合合同要求的验收服务，寄件人（商家）应当将验收的具体程序等要求以适当的方式告知收件人，快件服务组织在投递时也可以予以提示，验收无异议后，由收件人签字确认。
国家相关部门对快件验收另有规定的，从其规定。
5.4.2.4.2 代收
若收件人本人无法签收时，经收件人（寄件人）允许，可由其他人代为签收。收件时，收派员应核实代收人身份，并告知代收人代收责任。
5.4.2.4.3 例外情况
在验收过程中，若发现快件损坏等异常情况，收派员应在快递运单上注明情况，并由收件人（代收人）和收派件员共同签字，收件人（代收人）拒绝签字的，收派员予以注明。
5.4.2.5 费用收取
收件人（代收人）支付费用后，快递服务组织提供发票。
5.4.3 用户自取
用户自取主要适用于以下情况：
a) 投递两次仍无法投递的快件；
b) 相关政府部门（如海关、公安等）提出要求的。

5.4.4 与用户协调

对有特殊需求的用户,快递服务组织可与用户协调,采取其他方式妥投用户。

5.4.5 无法投递快件

快递服务组织应在投递前联系收件人,当出现快件无法投递情况时,应采取以下措施:

a) 首次无法投递时,应当主动联系收件人,通知复投的时间以及联系方法,若未联系到收件人,可在收件地点留下派送通知单,将复投的时间及联系方法等相关信息告知收件人。

b) 复投仍无法投递,可通知收件人采用自取的方式,并告知收件人自取的地点和工作时间。收件人仍需要投递的,快递服务组织可提供相关服务,但应事先告知收件人收费标准和服务费用。

c) 若联系不到收件人,或收件人拒收快件,快递服务组织应在彻底延误时限到达之前联系寄件人,协调处理办法和费用,主要包括:

1) 寄件人放弃快件的,应在快递服务组织的放弃快件声明上签字,快递服务组织凭放弃快件声明处理快件;

2) 寄件人需要将快件退回的,应支付退回费用。

5.4.6 无着快件

5.4.6.1 处理方式

快递服务组织应及时登记无着快件,并将无着快件每半年一次集中到省级邮政管理部门所在地域或其办事处所在地,申请集中处理。

5.4.6.2 期限

无着快件的信件,自快递服务组织确认无法退回之日起超过 6 个月无人认领的,由快递服务组织在邮政管理部门的监督下销毁。

无着快件的其他快件,自快递服务组织确认无法退回之日起超过 6 个月无人认领的,由快递服务组织在邮政管理部门的监督下进行开拆处理,不宜保存的物品除外。

5.4.6.3 处置

因寄件人或收件人信息缺失而导致的无着快件,能从拆出的物品中寻找收件人或寄件人信息的,应继续尝试投递或退回。除此以外,对于能够变卖的物品,应交当地相关部门收购,价款上交国库,不能变卖,应按以下要求处置:

存款单、存折、支票、应寄交当地人民银行处理,其他实名登记的有价证券,应寄往发行证券的机构处理。

a) 金银饰品,应由邮政部门指定的机构收购后,由邮政管理部门上缴国库；

  b) 本国货币，应由邮政管理部门上缴国库，外国货币，应兑换成人民币后由邮政管理部门上缴国库；

  c) 户口迁移证、护照和其他各种证书，应送发证机关处理；

  d) 其他不能变卖的物品，根据具体情况，妥为处理。

5.4.7 彻底延误时限

彻底延误快件，快递服务组织根据有关规定予以赔偿。

根据国内快递服务类型，彻底延误时限应主要包括：

  a) 同城快件为 3 个日历天；

  b) 省内异地和省际快件为 7 个日历天。

注：彻底延误时限是指从快递服务组织承诺的快递服务时限到达之时起，到用户可以将快件视为丢失的时间间隔。例如，某一快递服务组织承诺的省际快件服务时限为 A 个日历天，则从其交寄之日起，A + 7 个日历天后，快件仍未到达，则可视为该快件彻底延误（丢失），其余类型的快件以此类推。

5.4.8 录入快递信息

收派员投递快件后，应及时录入投递信息并上传网络。

5.5 查询

5.5.1 查询渠道

快递服务组织应根据业务种类向顾客提供电话或互联网等免费查询渠道。

5.5.2 查询凭证

快件收寄后，用户可凭借快递运单对快件进行查询。

5.5.3 查询内容

查询内容应包括快件当前所处服务环节及所在位置。

对于国内异地快件，快递服务组织宜提供全程跟踪的即时查询服务。

5.5.4 查询受理时间

国内快件互联网查询受理时间应为一周 7 天，每天 24 小时，国内快件电话人工查询受理时间应为一周 7 天，每天应不少于 8 小时。

5.5.5 查询答复时限

对于通过互联网不能查找的快件，用户电话查询时，快递服务组织应在 30 分钟内告知用户，告知内容应主要包括：

  a) 快件所处的服务环节及所在位置；

  b) 不能提供快件即时信息的，告知用户彻底延误时限及索赔程序。

5.5.6 查询信息有效期

国内快件查询信息有效期应为 1 年。

5.6 投诉与申诉

5.6.1 投诉

5.6.1.1 投诉受理

快递服务组织应提供用户投诉渠道,主要包括互联网、电话、信函等形式。国内快件的投诉有效期限为1年。

受理投诉时,快递服务组织应记录如下信息:

a) 投诉人姓名地址和联系方式;

b) 投诉理由、目的、要求;

c) 其他投诉细节。

快递服务组织在记录的过程中,应与投诉人核对信息,以保证信息的准确性。

5.6.1.2 投诉处理时限

国内快递服务投诉处理时限应不超过30个日历天,与投诉人有特殊约定的除外。

5.6.1.3 投诉处理

快递服务组织应对投诉信息进行分析,提出处理方案,制定补救措施,按服务承诺及时处理。

投诉处理完毕,快递服务组织应在处理时限内及时将处理结果告知投诉人。若投诉人对处理结果不满意,应告知其他可用的处理方式。

快递服务组织应根据投诉信息统计分析结果,采取措施改进服务质量。

5.6.2 申诉

用户向快递服务组织投诉后30个日历天未作出答复的,或对快递服务组织处理和答复不满意的,可向邮政管理部门提出申诉。

国内快递服务申诉时限为1年。

5.7 赔偿

发生快件延误、丢失、损坏和内件不符时,快递服务组织应予以赔偿(具体规定见附录A)。

5.8 例外情况

5.8.1 改寄

在国内快件尚未完成投递前,如寄件人提出申请,快递服务组织可提供改寄服务(可更改收件地址,但不可更改收件人),提供改寄服务时,快递服务组织应告知寄件人需要承担的改寄费用并告知收费标准。

5.8.2 撤回

对尚未首次投递的国内快件,如寄件人提出申请,快递服务组织可提供撤回服务，提供撤回服务时，快递服务组织应告知寄件人需要承担的费用并告知收费标准。

6 国际快递业务

6.1 概述

国际快递业务包括国际出境快递业务和国际进境快递业务。

国际出境快递业务的国内服务环节主要包括：收寄、分拣、封发、运输、出口报关以及查询、投诉和赔偿等。

国际进境快递业务的国内服务环节主要包括：进口报关、运输、分拣、投递等。

除另有规定外，港澳台快递业务应遵照国际快递业务规定执行。

6.2 国际出境快递

6.2.1 收寄

6.2.1.1 一般规定

国际出境快件的收寄，应符合5.2的规定。

6.2.1.2 特殊规定

6.2.1.2.1 接单

对于国际出境快件，在接单时，还应满足以下要求：

a) 协助用户了解寄达国或地区对快件的特殊规定；
b) 对于物品类快件，应提示收件人准备海关需要的相关单证。

6.2.1.2.2 验视

检查所寄的快件是否符合我国及寄达国或地区规定。

对于国家出境快件，验视时还应检查物品类快件所需的单证是否符合要求，如不符合要求，可拒收快件。

6.2.1.2.3 重量与规格

国际快件的重量与规格，如有双边特别约定，可按照约定执行。

6.2.1.2.4 计费

快递服务组织应明确告知寄件人国际快递业务可能产生的额外费用，主要包括：

a) 国际航空燃油附加费；
b) 物品类快件所需的报关费用；
c) 其他需要用户支付的费用。

6.2.1.2.5 快递运单的填写

收派员宜指导用户正确填写国际快递运单。

6.2.2 分拣、封发和运输

国际出境快件的分拣和运输应分别符合5.3.2和5.3.4的要求。

封发时，国际快件应单独装袋封发，不应同国内快件混封。

6.2.3 出口报关

6.2.3.1 概述

国际出境快件按有关法律法规规定向海关申报出口。

对国际出境快件的报关可采用代理报关的方式。

快递服务组织可设立报关部门，配备报关员，向当地海关申请代理报关资格，办理代理报关业务，并配合海关对受海关监管的进出境国际快件实施查验放行工作。

6.2.3.2 报关要求

快递服务组织报关时，应满足以下要求：

a）在快件的外包装上标有符合海关自动化检查要求的条形码；

b）用户交寄的需要进行卫生检疫或者动植物检疫的快件，应附有检疫证书；

c）及时向海关呈交快件报关所需的单证、资料，并如实申报所承运的快件；

d）国际出境快件自向海关申报起到出境止，应存放于海关快件监管场所，并妥为保管；

e）未经海关许可，不应将监管时限内的快件进行装卸、开拆、重新包装、提取、派送、发运或进行其他作业；

f）海关将部分内件或整件扣留没收时，应将海关签发的扣留通知单及时送达寄件人。

6.2.4 查询

对于国际出境快件，快递服务组织宜提供全程跟踪的即时查询服务，并符合 5.5.1、5.5.2、5.5.3 和 5.5.5 的要求。

国际快件查询信息有效期为 6 个月。

国际快件电话人工查询受理时间一周 5 天，每天应不少于 8 小时。

对于通过代理方式开展国际快递业务的，快递服务组织应即时将快件信息与国外代理组织进行交换传输和跟踪查询。

6.2.5 彻底延误时限

国际快递彻底延误时效为 21 个日历天。

6.2.6 投诉和申诉

6.2.6.1 投诉受理

快递服务组织应提供用户投诉的渠道，主要包括互联网、电话、信函等形式。

国际快件的投诉有效期为 6 个月。

受理投诉时，快递服务组织应记录如下信息：

a) 投诉人的姓名、地址和联系方式;
b) 投诉的理由、目的、要求;
c) 其他投诉细节。

快递服务组织在记录的过程中,应与投诉人核对信息,以保证信息的准确性。

6.2.6.2 投诉处理

国际快件的投诉处理应符合 5.6.1.3 的要求。

国际及港澳台快件投诉处理时限应不超过:
a) 国际快件为 60 个日历天;
b) 港澳台快件为 30 个日历天。

6.2.6.3 申诉

用户向快递服务组织投诉后 60 个日历天未作出答复的,或对快递服务组织处理和答复不满意的可向邮政管理部门提出申诉。

国际快递申诉时限为 6 个月。

6.2.7 撤回

国际快件尚未验关前,快递服务组织可提供撤回服务。

寄件人在向快递服务组织提出撤回申请时,快递服务组织应告知寄件人需要承担撤回费用并告知收费标准。

6.2.8 赔偿

发生快件延误、丢失、破损和内件不符时,快递服务组织应予以赔偿(具体规定见附录 A)。

6.3 国际进境快递

6.3.1 进口报关

国际进境快递报关应符合 6.2.3.2 中 a)、b)、c)、e) 列项的要求。

国际进境快件自向海关申报起到完成清关,应存放于海关快件监管场所,并妥为保管。

海关将部分内件或整件扣留没收时,应将海关签收的扣留通知单及时送达收件人。

6.3.2 分拣和运输

国际进境快件的分拣和运输应分别符合 5.3.2 和 5.3.4 的要求。

国际进境快件分拣时应按海关要求将快递运单相关信息翻译成中文。

6.3.3 投递

国际进境快件的投递,应符合 5.4 的要求。

国际进境无着快件,快递服务组织保管期满 3 个月后,应按 5.4.6.1 和 5.4.6.3 的规定进行处理;对于处于报关阶段的无着快件,应由海关依法进行处理。

附录二　常见快递服务合同、协议范本

样本1　国内快递服务合同

甲方：
乙方：
800客户服务热线电话：华北区：800　　　华东区：800　　　华南区：800

经甲乙双方友好协商，就乙方为甲方提供国内快递运输服务及相关费用结算事宜，达成如下协议。

一、双方的责任和义务

1. 甲方同意由乙方为其提供国内快递运输服务，和按本协议规定支付给乙方相关费用。甲方在使用乙方服务时，须使用乙方所提供的专属快递账号，对其负保密责任，对该账号下发生的全部费用向乙方承担付款责任。

2. 甲方在使用乙方快递服务时，须正确、认真、如实填写快递运单，在必要时，应向乙方提供与货物运送有关的资料和文件。

3. 甲方应遵守国家对于禁运品的有关规定，并保证所交付的物品或物品中所夹带的物件不符合国家法律、法规、规章规定的禁止或限制运输物及其他危害运输安全的物品，如实申报货物品名。如因甲方违反本规定而造成的全部损失由甲方承担。

4. 发件人采用由收件人或第三方付费时，应承担因收件人或第三方拒绝付款时支付该运费及其他费用的责任。

5. 甲乙双方必须互为对方保守商业秘密。

6. 双方之权利义务适用于快递运单背面所载条款以及相关法律、法规的规定。因乙方责任而造成货物损失的，乙方需按快递国内运单规定负赔偿责任。

二、费用与结算

1. 运价按照《快递服务价格表》的规定执行。在本协议书有效期内，_____快递保留因特殊情况（如航空运费调整）而调整价格的权利，并通知双方。

2. 为了规避运输途中因自然灾害等不可抗力因素和意外事件可能带来的风险，乙方联合中国人民保险公司推出联合货物运输保险增值服务。乙方建议甲方购买，保险率为百分之_____。

如甲方要为所发货物投保时，需同时在乙方提供运单中的"保险事项"一栏中勾选"保险"项，并注明保险金额，即甲方货物的据实声明价值。若在保险责任范围内出险，则按联合货物运输保险条款执行。如甲方在"保险事项"一栏中勾选"保险"项并注明保险金额，则视为甲方不为此票货物投保。如此票货物出险，则按运单背书条款执行。

甲方保险费＝保险金额（甲方物品的据实声明价值）×保险费率

3. 甲方可以自愿选择购买乙方提供的签单返还有偿增值服务，服务费用为_____元/票。如甲方选择签单返还服务时，应同时在乙方提供的运单中勾选签单返还项。

乙方不承诺签单返还时限，且返还单据不作为甲乙双方费用结算依据（签单返还，即乙方向甲方提供的将运单签收联等单据返还给甲方的服务）。

4. 甲方可以选择以下身份付费（可多选）：
- 寄件人付费
- 收件人付费
- 第三方付费

如甲方选择第三方付费，则须满足以下条件：

（1）须有月结协议账号。

（2）需付款信用良好。

5. 甲方可以选择以下费用结算方式（可多选）：

（1）单票现金结算。

（2）甲方按月与乙方结算（向每月用量大于 500 元的客户提供该项服务）。

6. 甲乙双方以乙方提供的费用月结对账作为每月双方对账依据，甲方应妥善保管乙方每次服务时提供运单联作为对账依据。

7. 甲方费用结算截止日期（请单选）

（1）每月 25 日　　（2）每月 30 日　　（3）其他

（乙方会在结算截止日期后的五个工作日内将对账单据转达到甲方）

8. 甲方月结付款日：结算月次月　　日

付款流程：

（1）甲方在收到乙方费用月结对账单后，应在三个工作内核对并确认，如无异议，甲方应根据账单付款；如有异议，请于收到的三个工作内提出。

（2）双方对账完毕后，乙方应在五个工作日内提供费用发票，同时甲方应付清款项。

9. 甲方同意采取以下支付方式：（可多选）

（1）现金　　（2）支票　　（3）银行电汇

10. 甲方不得以部分款项有争议为由拖延其他无争议部分款项的按时支付。

有争议的部分，经双方核对并达成一致意见，甲方需于商议付款日结清该部分款项。

11. 如因甲方原因未按照合同付款期付款，乙方有权按未付款项的万分之五收取日滞纳金；并有权取消甲方在本协议下享有的费用月结待遇，而改为单票现金结算；乙方也有权选择单方终止本协议，不再为甲方快递服务。

三、期限

本协议有效期一年，自　年　月　日至　年　月　日。如本协议到期，双方均无提出异议，则协议有效期自动顺延，以一年内为期。

四、

除按本协议第二条第 10 款之规定乙方甲方终止协议外，在协议进行期间任何一方如提出修改或终止本协议，应提前 30 日以书面形式通知对方。协议的提前终止，不影响双方于协议终止前已产生的权利和义务。

五、其他

1. 乙方向甲方提供的《快递服务价格表》；《快递国内运单》及其他与运送有关的规定均被视为本协议不可分割的一部分，与本协议具有等同效益。

2. 甲乙双方若有需要改变公司名称、联系付款或需搬迁离开原所在地以及其他可能影响本协议执行的变更时，均应于变更之日起 5 个工作日内书面通知对方，否则需由变更方承担给对方造成损失的责任。

3. 本协议下的任何争议，双方应友好协商解决，若协商不成，提交乙方所在地人民法院诉讼解决。

4 本协议一式两份，双方各持一份。自签订之日起生效。

甲方：　　　　　　　　　　　　乙方：
地址：　　　　　　　　　　　　地址：
电话：　　　　　　　　　　　　电话：
开户银行及账号：　　　　　　　开户银行及账号：
负责人：　　　　　　　　　　　负责人：
公司盖章：　　　　　　　　　　公司盖章：
日期：　　　　　　　　　　　　日期：

样本 2　国内快递契约条款

由_____快递作为货运代理的发运人承认以下各条背书条款，作为共同遵守，并具有法律效力的约定条件，本条款自发运人和承运人双方签字之日起确认生效。

一、运单

快递的运单是为快递企业准备的，具有契约性质的、不可转让的运单。当快递企业以物品所有人或代理人的名义填写本运单，并签字署名后即表示接受和遵守本运单背书条款的各项填写本运单内容，并受法律保护。

二、发运人和承运人的责任及承诺

1. 发运人及其委托的代理人保证所委托发运的物品符合国家法律及运输部门能接受的，不违背承运人意愿的物品。

2. 对委托承运的物品应妥善包装，且必须符合物品安全运输的要求，对特殊性质的物品（如重要物品，易损坏的物品等），发运人应做好特殊包装，并向承运人作出特别声明，或实际报价等措施。

3. 发运人必须在《_____快递详情单》上用正楷汉字（国际快件以英文）详细填写发运人及收货人的全称姓名、部门地址、联系电话等要件。

4. 发运人承认××快递有权放弃或拒绝不适宜快运方式运输的，有意或无意隐瞒物品真实品名、价值及国家法律明令禁止携带、快寄、运输的物品，一旦违反，发运人愿意承担由此而产生的一切法律及经济赔偿责任。

5. 运人及其委托代理人保证接受和支付××快递所公布的物品运价及其相关的包装，仓储和退运费用。

6. ××快递公司在原有收费标准基础上根据客户要求，需要保价则按申报实际价值加收3‰的保价费，否则寄件人默认××快递公司为其保价最高限额500元。

三、被承运物品的知情权

××快递有权获知被承运物品的性质、品名数量及重量等，协助有关政府部门和运输部门对承运的物品进行检查或查处。

四、被承运物品的置留权

发运人及其委托代理人未按承运合同规定支付应付运费及相关费用时，则承运人在没有取得有效担保之前，有权置留所承运的物品，并保留对快递企业及其委托代理人的追债权，且对由此而产生的任何损失不负赔偿责任。

五、负责条款

1. ××快递对因不可抗力所造成的物品运送延误、丢失、毁灭或没收不负责任，如战争、暴乱、恶劣天气、航班延误、坠机、火灾、水灾及自然或人为的严重灾害及××快递无法控制的各种情况或由于发运人的原因造成的没收。

2. ××快递对由于物品运送的延误或丢失所造成的间接损失或其他非主体性的损失不承担任何赔偿责任。

3. ××快递对由于下列原因所造成的物品运送延误，运送错误及损失不负任何责任。

（1）由于发运人的原因造成的各种损失，如地址填写错误或不全、收件人地址变更或无法送达的地域等。

（2）由于发运人所委托运送的物品本身属于国家有关政策、法令所明令禁止的所造成的各种损失，如易燃、易爆、易污染、易腐蚀、有毒的各类粉剂及其他违禁品。

（3）由于发运人未经声明及包装不当所引起的各种损失。

六、赔偿限额

1. 对一般物品（未经保价）均按每件人民币 200 元赔偿。

2. 对保价的物品按实际金额赔偿。

3. 最高保价限额贰万元人民币。

4. 对于特殊物品（不包含其商业价值），若国家有规定的按国家规定的赔偿，国家没有规定的，按物品的实际价值赔偿。

七、索赔

1. 任何索赔必须在交寄后 30 天内（以本单所填日期为准）由发货人提出，并以书面形式通知承运人，同时必须出具此详情单第三联原始副本及支付的费用收据。索赔的要求只有在运费已支付的情况下方可被接受，超过规定期限将被视为发运人已认可所委托运送的物品完成了全部程序而放弃追赔的权力。

2. 在提出索赔的同时，发运人有义务继续承担并偿付所欠承运人的运费，无权从中扣除申请赔偿的款项。

八、适用范围

1. 以上所列条款适用于所有享有××注册商标使用权及经营代理权的公司或其他的指定代理人。

2. ××快递与发运人之间所签订的所有协议均应符合双方利益及国家的有关法律、法规，并接受所在地区仲裁机构的裁决。

甲方： 乙方：
地址： 地址：
电话： 电话：
开户银行及账号： 开户银行及账号：
负责人： 负责人：
公司盖章： 公司盖章：
日期： 日期：

样本 3　国际快递协议

甲方：××快递

乙方：

甲乙双方经友好协商，就双方国际快递业务达成以下合作协议。

一、甲方的责任和义务

1. 根据乙方的要求，办理××到世界各地的各类商务文件、小件物品的快递业务，保证安全、快速、服务周到。

2. 服务采取门到门、桌到桌的方式，在有效工作日内，每天定时上门或电话联系收件；特殊情况，电话预约。

3. 收件时，应与乙方责任人员共同核定文件、物品所交地址、公司名称、文件种类以及所应提交的必备文件的准确性、齐备性。并在乙方交接记录上签署姓名与收件时间。

4. 免费为乙方提供文件、物品的一般包装，并代乙方用电脑填制分运单，甲方应严格按照乙方所写内容填写，由此所产生的错误由甲方负责。分运单发件人联由甲方在第二天送交乙方。

5. 自收件时起，甲方必须在一个工作日内将乙方所交文件、物品发出，并采取传真方式通知国外代理以保证文件、物品的按时到达。

6. 定时向乙方反馈国外收件人签收信息，内容包括收件人签名的盖章、收到的日期和时间、整个快件的提交时间。

7. 及时办理乙方收件的查询业务。所有查询业务应根据国别与地区的不同，在1~2个工作日内向乙方回复。

8. 所有快件费用采取月终结算方式。甲方应向乙方提供详细的统计资料、原始单据与发票办理账务结算。甲方按照保价费率表计算金额×‰收取费用。

9. 甲方除应负责上述条款的责任与义务外，还应承担分运单背面所载条款中所有与甲方有关条款的责任。

10. 快件价格的变动应提前30天内通知乙方，并与乙方共同商定，商定价格从次月执行。由于甲方工作失误而造成的文件、样品丢失，甲方每件赔偿80美元（样品办理保险索赔另计），并提供同样快件再次免费寄送服务。

二、乙方的责任和义务

1. 乙方设有专人集中分寄其快件，甲方只能在该专人处办理取送件事宜。如甲方与乙方其他部门发生来往，乙方将不承担付款责任。

2. 在向甲方提交的快件中，应准确提供收件人名称、地址、国别、城市、电话与传真号码和物品种类，以保证快件能迅速送交收件人手中。

3. 对所提交的物品，应符合国家的政策规定，符合进口国的管制条例，杜绝危险物品、易碎品和有毒物品的提交。所有物品快件，应向甲方提交形式发票三份，准确记录物品的种类、数量、价值。价值控制在400美元以内为宜。

4. 指定专人负责与甲方联系快递业务，并在双方协定的时间向甲方提交快件，遇特殊情况，应及时与甲方联系。

5. 每月按照甲方递交的结算资料仔细核对，如有差错，应与甲方联系，以便纠正。乙方应在收到账单后15日内付清款项。

6. 对协定价格如有异议，应及时向甲方提出商议，商议后的价格从次月开始执行。

7. 乙方除遵守上述条款外，还应负责分运单背面所载与乙方有关的所有条款。

三、甲、乙双方共同条款

1. 本协议经双方签字盖章生效，并共同遵守。
2. 本协议自签订之日起，壹年有效。
3. 本协议一式两份，双方各执壹份。
4. 本协议未尽事宜，经双方确定补充，并以新的协议为准。

甲方：　　　　　　　　　　乙方：
地址：　　　　　　　　　　地址：
电话：　　　　　　　　　　电话：
开户银行及账号：　　　　　开户银行及账号：
负责人：　　　　　　　　　负责人：
公司盖章：　　　　　　　　公司盖章：
日期：　　　　　　　　　　日期：

样本4　快递记账结算协议

甲方：
法定代表人：
住址：
邮编：
联系电话：
乙方：
法定代表人：
住址：
邮编：
联系电话：

甲乙双方就××快递业务约定运费结算事宜，经双方协商，达成运费月度结算协议，协议如下：

第一条　甲乙双方约定以自然月为结算周期。

第二条　乙方同意在每月15日前根据甲方提供的对账单进行对账并结清上一自然月产生的总运费。

第三条　甲方承诺在每月3日前将上一自然月的对账清算以电子版或纸质版发送至乙方指定人员处。

第四条　乙方承诺收到对账单后在每月10日前完成对账，如在4日前未收到甲方提供的对账单，则需要及时向甲方索要对账单。如因甲方原因无法按时提供对账单，则乙方可以不按第一条的约定如期支付月结款，且甲方无权向乙方索赔。

乙方如在甲方及时提供对账单的情况下无法及时支付月结款，甲乙双方可以协商支付日期，如乙方在协议期内仍无法按时支付，甲方则有权利暂时停止乙方的月结业务，待缴清上月月结款后再次开通月结业务。

本协议自　　年　　月　　日起生效，有效期至　　年　　月　　日。协议期间双方可以协议解除此合同。但是甲乙双方不得擅自单方解除此合同。

乙方不得以快件延误、损坏为由扣押次月结款，甲方同时须在乙方托寄的物品发生问题后，及时跟进。

第五条　违约责任

如果任何一方违反其在本协议中所作的陈述、保证或其他义务，而使其他各方遭受损失，则其他各方有权要求予以赔偿。

第六条　保密责任

一方对因本次运费托收结算而获知的另一方的商业机密负有保密义务，不得向有关其他第三方泄露，但中国现行法律、法规另有规定的或经另一方书面同意的除外。

第七条　补充与变更

本协议可根据各方意见进行书面修改或补充，由此形成的补充协议，与原协议具有相同的法律效力。

第八条　协议附件

本协议附件包括但不限于：

1. 各方签署的与履行本协议有关的修改、补充和变更协议。

2. 各方的营业执照复印件及相关的各种法律文件。

任何一方违反本协议附件的有关规定，应按照本协议的违约责任条款承担法律责任。

第九条　不可抗力

任何一方因有不可抗力致使全部或部分不能履行本协议或迟延履行本协议，

应自不可抗力事件发生之日起 3 日内,将事件情况以书面形式通知另一方,并自事件发生之日起 30 日内,向另一方提交导致其全部或部分不能履行或延迟履行的证明。

第十条 争议的解决

本协议适用中华人民共和国有关法律,受中华人民共和国法律管辖。

本协议各方当事人对本协议有关条款的解释或履行发生争议时,应通过友好协商的方式予以解决。如果经协商未达成书面协议,则任何一方当事人均有权向有管辖权的人民法院提出诉讼。

第十一条 权利的保留

任何一方没有行使其权利或没有就对方的违约行为采取任何行动,不应该被视为对权利的放弃或对追究违约责任的放弃。任何一方放弃对对方的任何权利或放弃追究对方的任何责任,不应视为放弃对对方任何其他权利或任何其他责任的追究。所有放弃应书面作出。

第十二条 后继立法

除法律本身有明确规定外,后继立法(本协议生效后的立法)或法律变更对本协议不应构成影响。各方应根据后继立法或法律变更,经协商一致对本协议进行修改或补充,但应采取书面形式。

第十三条 通知

本协议要求或允许的通知或通信,不论以何种方式传递均自被通知一方实际收到时生效。

前款中的实际收到是指通知或通信内容到达被通信人的法定地址或住所(在本协议中列明的住所)或指定的通信地址范围。

一方变更通知或通信地址,应自变更之日起三日内,将变更后的地址通知另一方,否则变更方应对由此造成的一切后果承担法律责任。

第十四条 协议的解释

本协议各条款的标题仅为方便而设,不影响标题所属条款的意思。

第十五条 生效条件

本协议自双方的法定代表人或其授权代理人在本协议上签字并加盖公章之日起生效。各方应在协议正本上加盖骑缝章。

本协议一式　份,具有相同法律效力。各方当事人各执　份,银行执一份,其他用于履行相关法律手续。

甲方(盖章):　　　　　　　　　　　乙方(盖章):

授权代表(签字):　　　　　　　　　授权代表:

甲方(　　):　　　　　　　　　　　乙方(　　):

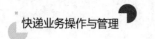

授权： 授权：
年 月 日 年 月 日

样本 5 快递代收货款协议书

生效日期： 年 月 日
甲方地址：
乙方地址：

甲乙双方本着互相信任、互惠互利、共同发展的原则，向社会提供一种购销两便、安全可靠的快递代收货款服务。经友好协商，就甲方委托乙方办理国内快递代收货款事宜，达成如下协议。

一、基本协议

1. 甲方应符合委托办理国内特快专递代收货款服务的入网条件。

2. 乙方受甲方委托独家承担国内快递快件及物品的运递、配送和货到付款（COD）服务，乙方利用拥有的特快专递服务资源，将客户通过电子商务或其他快购方式订购的商品快件迅速投送到客户手中，同时代甲方向客户收取货款并定期同意结算。

3. 甲方利用快递快寄给客户订购的客户，执行快递快件资费标准，并按每个快件××元寄递业务。

4. 除特快专递代收货款快件外，乙方还将向甲方提供国际、国内非代收货款快递快件的寄递业务。

5. 甲方作为乙方的固定大宗用户，可以享受到乙方给予的快递费优惠。具体优惠方式及幅度，由甲方与乙方另签补充协议确定。

6. 甲乙双方共同商定制作供甲方专用的代收货款快件详情单，此种详情单由乙方提供，甲方支付必要的费用。

7. 寄发快递时，甲方应提供快件交接清单，与乙方经办人员交接，双方经办人员会签。同时，甲方应将有关快件交寄的数据信息按照统一标准的文本格式及时传递给乙方；退回快件时，乙方提供退回快件交接清单，双方经办人员会签。同时，甲方应将有关快件退回的数据信息按照统一标准的文本格式及时传递给乙方。当甲方从其他渠道收到退回快件时，有关快件的数据信息也应及时、准确、完整地录入到计算机系统中并传递给乙方。相关数据信息应包括完整的收件人名址（应为中文）、快件号码、应收货款、电话号码等。遇有客户误将货款直接汇往甲方时，甲方应将有关所汇款项的快件信息及时通知乙方。

8. 甲方不得交寄国家和邮政部门规定的禁寄、超限寄物品，不得向客户提供残次、伪冒商品，在相关商务或快购业务宣传中必须明确售后服务承诺及质量保证；乙方仅负责快件投递、收款，不对商品的质量保证及其售后服务承担责任；甲方对收到商品后7天内或甲方规定的更长期限（国家另有规定的，按有关规定执行）内提出规格及质量问题的商品，保证无条件退换；如甲方不履行义务，损害消费者权益，或严重违反国家或邮政有关规定，乙方有权随时通知甲方终止本协议。因甲方原因所造成客户的一切经济纠纷和法律责任，均由甲方承担。

9. 除第八条规定外，甲乙双方任何一方欲终止本协议，需提前30天书面通知对方。

二、双方责任

（一）甲方

1. 妥善保管并正确使用代收货款快件专用详情单。
2. 确保在快件详情单上所填写内容全面、准确、字迹清晰。收件人地址（用中文书写）应书写详细。
3. 根据乙方对快件包装的要求，按内件性质对快件妥善封装。
4. 商品发票（正规发票或形式发票）及致用户信应装入相应快件的包装箱内。
5. 甲方交寄的代收货款快件，原则上应按内件实际价值保价并交纳保价费。
6. 甲方在接受订单时，应请客户至少提供工作单位及住宅两个电话号码，并标注在快件详情单上，以保证乙方投递、收款工作顺利进行。
7. 甲方应将"收件人应付款"额（以"元"为尾数）清晰标注在快件详情单上，"收件人应付款"数额不得为零，应以人民币大写和阿拉伯数字分别注明，不得有涂改痕迹。
8. 甲方按时与乙方结付寄发快件的费用，不得以任何借口推诿、拖延或拒付。乙方将在每次结算时扣除此费用。
9. 对乙方无法投递的快件，甲方按标准支付退回运费及退回快件服务费。具备下列情况之一的，属于无法派送的快件。
   （1）快件人地址书写不详或错误。
   （2）运单填写的收件人地址查无此人。
   （3）无法与运单填写的收件人取得联系。
   （4）收件人迁移。
   （5）收件人拒收此快件或拒付货款。
   （6）收件人坚持要在交纳货款前开箱验视内件。
   （7）因收件人外出、快件无法派送的，经联系确认10日内仍无法派送的。

(8)收件人不在又无法安排他人代为签收的。

10. 为保证货款的及时结付，甲方必须每天将交寄的快件信息、通过各种方式和渠道收到的退回件的信息以及货款通过非乙方渠道直接汇往甲方的快件的信息，按规定要求及时准确完整地传递到乙方，并按乙方要求定期进行有关交寄和退回数据方面的核对确认。否则，甲方承担由此引起的相应快件及货款的损失。

11. 甲方有责任在其宣传介质（包括直销目录、媒体广告等）印有明显的类似如"本公司为客户提供全国货到付款业务"的标记或提示。

12. 为提高代收货款快件投递成功率以及回款率，甲方有义务在客户订购时向其说明，当快递企业快递人员派送代收货款快件时，客户必须先按快件上所列货款支付投递人员后才可以开拆快件。如在快件开拆后，客户对快件内件不满意或产生疑问，由客户与甲方直接联系。甲方必须向客户强调，快件内件问题与乙方没有任何关系，客户不得以任何理由为难、要挟快递业务员，要求其将已收缴的货款退还给客户。乙方只负责将款项收缴上来，关于快件的商品问题由甲方出面解决。如客户确实不需要商品，请直接向快递业务员说明，并在详情单上签字。客户无须交纳任何费用给快递业务员，乙方将按照快件人拒收处理，并按规定予以结算。

（二）乙方

1. 按实际需要或双方约定，每天定时到甲方处接收一至两次快件。具体时间和次数，由甲方与乙方双方协商确定。

2. 因乙方失误，造成错收、少收或没有收到货款，乙方承担由此造成的货款损失。

3. 因乙方责任造成保价快件全部丢失或损毁的，乙方按快件保价金额全额赔偿并退还相关快递费；对于部分丢失或损毁的，乙方按保价金额以内的实际丢损价值予以赔偿。此过程中甲方应全力协助乙方，减少双方的损失。

4. 对妥投快件，乙方按时向甲方结算代收的货款（扣除相应费用）。

5. 对于无法派送快件，乙方按时将快件退回甲方，不再向甲方结算相关退回快件的相应货款。

三、财务结算

1. 货款结算。每月10日、20日、30日（节假日顺延）三次，乙方将已代收地货款统一集中，在扣除乙方应收取的代收货款结算费和服务费以及退回快件的相关费用后，将余额结付给甲方，同时向甲方提交结付货款快件的号码清单或数据信息，以便核对确认。凡当月未能结算的货款，自动转入下月结款时结算。

2. 相关运费及因乙方责任造成的丢失、损毁快件赔偿款的结算原则上应一月一结，具体结算时间由甲方与乙方另行协商，确定实施。

四、违规责任

1. 双方在执行本协议期间，如发现任何一方有违约行为或发生争议，原则上由当事人双方协商解决。协商不成，双方均可向人民法院提出诉讼。

2. 双方在执行本协议期间，经核实甲方存在下列情况之一时，乙方有权停止结算或以货款抵扣进行处理。

（1）甲方拖欠快递费一个月以上，经有关方面催缴仍拒绝付款的。

（2）甲方未按照规定将甲方交寄快件的信息、退回快件的信息以及货款通过非乙方渠道直接汇往甲方快件的信息及时（5个工作日之内）传送到乙方的。

（3）在甲方收到乙方按月传真与甲方的"代收货款快件交寄信息核对通知单"后五个工作日内仍未确认回复的。

（4）在甲方拖欠详情单印制费两个月以上，经多次催缴仍未付的。

（5）甲方交寄国家规定的禁寄、超限寄物品，或向客户提供残次、伪冒商品，并在相关商务或快购业务宣传中没有明确售后服务承诺及质量保证的。

五、其他事项

（1）乙方接受甲方委托的时间为　年　月　日。

（2）乙方为甲方确定的办理快递代收货款服务的统一特定代码为：××××。

（3）本协议自甲乙双方签署后生效，有效期二年。合同到期时，双方中的任何一方如未提处书面的终止协议，则该协议的有效期将自动顺延，长期有效。其他未尽事宜，经双方友好协商，另拟补充协议。

（4）本协议为甲乙双方内部协议，双方均有责任和义务对协议内容保密。

（5）本协议一式两份，双方各持一份，具有同等法律效力。

甲方：　　　　　　　　　　乙方：

法定代表人：　　　　　　　法定代表人：

（或授权代理人）　　　　　（或授权代理人）

　年　月　日　　　　　　　　年　月　日

参 考 文 献

1. 徐希燕. 中国快递产业发展研究报告 [M]. 北京：中国社会科学出版社，2009.
2. 张兵. 快递概论 [M]. 北京：对外经济贸易出版社，2006.
3. 李敏，刘云. 东西部地区快递业发展对比研究 [J]. 价值工程，2011（4）.
4. 张革，刘慧勇. 现阶段民营快递业应对国内外竞争的策略 [J]. 内蒙古科技与经济，2008（10）.
5. 沈雁，袁庆达，樊锋. 中国城际快递市场份额的预测与分析 [J]. 商业研究，2007（2）.
6. 商务部研究院课题组. 中国快递市场发展研究报告（总报告）[R]. 经济研究参考，2006.
7. 张申. 快递企业快件操作流程和异常调度研究 [D]. 北京：北京交通大学，2011.
8. 国家邮政局. 快递客户服务与营销 [M]. 北京：人民交通出版社，2010.
9. 李育蔚. 快递人员岗位培训手册 [M]. 北京：人民邮电出版社，2012.
10. 王为民. 快递服务礼仪与规范 [M]. 北京：人民邮电出版社，2012.
11. 冼碧霞，惠雯. 物流礼仪操作实务 [M]. 北京：化学工业出版社，2011.
12. 国家邮政局职业技能鉴定指导中心. 快递业务员培训教程 [M]. 北京：人民交通出版社，2011.
13. 梁华. 快递人员业务实操速查手册 [M]. 北京：人民邮电出版社，2010.
14. 国家邮政局. 快递法规与标准 [M]. 北京：人民交通出版社，2010.
15. 栾静. 快递服务合同的法律关系研究 [D]. 天津：天津商业大学，2013.
16. 杨甜. 物流配送快递业发展的法律思考 [D]. 上海：复旦大学，2012.
17. GB/T 27917—2011，快递服务 [S]. 2011.